MEMÓRIAS AFETIVAS: DESAPARECIDOS POLÍTICOS

MEMÓRIAS AFETIVAS: DESAPARECIDOS POLÍTICOS

Maria Helena Soares de Souza (org.)

alameda

Grafia atualizada segundo o Acordo Ortográfico da Língua Portuguesa de 1990, que entrou em vigor no Brasil em 2009.

Edição: Haroldo Ceravolo Sereza
Editora assistente: Danielly de Jesus Teles
Projeto gráfico, diagramação e capa: Mari Ra Chacon Massler
Assistente acadêmica: Tamara Santos
Revisão: Alexandra Colontini
Imagem da capa: *Monumento em Homenagem aos Mortes e Desaparecidos Políticos* (Parque do Ibirapuera). Foto por Gabriel Santana / CC BY-SA (https://creativecommons.org/licenses/by-sa/4.0)

CIP-BRASIL. CATALOGAÇÃO-NA-FONTE
SINDICATO NACIONAL DOS EDITORES DE LIVROS, RJ

M487

Memórias afetivas: desaparecidos políticos / organização Maria Helena Soares de Souza. - 1. ed. - São Paulo : Alameda, 2020.

186 p. ; 21 cm.

ISBN 978-65-86081-49-7

1. Brasil - História - 1964-1985. 2. Ditadura - Brasil - História - Séc. XX. I. Souza, Maria Helena Soares de.

20-65605 CDD: 981.063
CDU: 94(81)"1964/1985"

ALAMEDA CASA EDITORIAL
Rua 13 de Maio, 353 – Bela Vista
CEP 01327-000 – São Paulo, SP
Tel. (11) 3012-2403
www.alamedaeditorial.com.br

Sumário

Prefácio 9
Luiza Erundina

Apresentação 15
Eugênia Augusta Gonzaga

Obra e memórias 23

Todos os desaparecidos e mortos políticos 25
Maria Amélia de Almeida Teles

David Capistrano 27
O sentimento da perda
Maria Carolina Capistrano
Memórias de muitas lutas
Cristina Capistrano

Edgar de Aquino Duarte 33
Testemunhos
Maria Jose Fernandes Willumsen
Sandra Willumsen Jones
Oscar Willumsen Jr
Carta de Teresa

Elson Costa 47
Vidas desaparecidas
Antonio Valverde
História
José Miguel Wisnik

Elson Costa: para nunca esquecer
Maria Helena S. de Souza

Fernando Santa Cruz 71
Onde está meu filho? Grito de uma mãe que a ditadura não fez calar
Marcelo Sanda Cruz
Uma dor que não cessa e uma ferida que não cicatriza
Maria Auxiliadora Santa Cruz
Conhecer é um direito, denunciar é um dever ético
Rosalina de Santa Cruz Leite

Hiram de Lima Pereira 87
Linha do tempo
Hânya Pereira Rego
Reencontros sem o encontro...
Marcelo Pereira de Almeida Ferreira
Poemas para meu pai
Nadja Pereira de Almeida Pereira
Era uma vez – Desigualdade – Saudade
Sacha Lidice Pereira
Caleidoscópio de saudade – O grande circo
Zodja Pereira

Irmãos de Laura Petit:
Lúcio Petit, Maria Lúcia Petit, Jaime Petit 113
Memórias afetivas – meus três irmãos
Laura Petit da Silva
Recado à mãe americana
Lúcio Petit
Jaime Petit
Laura Petit da Silva

Para um jovem
Maria Lúcia Petit da Silva

Jayme Miranda 123
A filha do clandestino
André Rocha de Miranda
Os estripadores da casa da morte
André Rocha de Miranda
1º de abril de 1964, a carta e Violeta Parra
Lúcio Verçoza
A voz do Povo
Olga Miranda
Jayme Miranda: meu leitor referência
Yuri Miranda

João Massena 149
Quintal – Ignorados
Andreia Prestes
Viva João Massena
Edu Prestes
João Massena, presente!
Elisa Prestes Massena

Joel Vasconcelos Santos 161
Poucas lembranças pitorescas dos familiares do desaparecido político: Joel Vasconcelos Santos
Altair Vasconcelos

Orlando da Silva Rosa Bomfim Junior 169
O homem que amava seu próximo e os passarinhos: Orlando da Silva Rosa Bomfim Junior
Beatriz Bomfim

Orlando da Silva Rosa Bomfim Junior
Mônica Bomfim

José Padilha Aquilar 179
Pai – Pai absoluto
Wilma Padilha

Agradecimentos 183

Prefácio

Luiza Erundina de Souza[1]

"Oh, pedaço de mim.
Oh, metade afastada de mim.
Leva o teu olhar.
Que a saudade é o pior tormento.
É pior do que o esquecimento.
É pior do que se entrevar
...
Oh, pedaço de mim
Oh, metade arrancada de mim
Leva o vulto teu
Que a saudade é o revés de um parto
A saudade é arrumar o quarto
Do filho que já morreu."

Essas são palavras de Chico Buarque na canção "*Pedaço de Mim*". Parece-me oportuno invocar esses versos do vencedor do Prêmio Camões de Literatura 2019, pois, esse doce e sofrido lamento está na essência de *Memórias Afetivas,* livro organizado pela professora Maria Helena Soares de Souza. Comovida, agradeço o generoso convite dos personagens que povoam essas páginas para prefaciar este livro que reúne relatos de vítimas da fúria assassina dos agentes do Estado, durante o longo e tenebroso período da ditadura civil-militar, de 1964 a 1985.

1 Deputada Federal por São Paulo, ex-prefeita da cidade de São Paulo (1989 - 1993).

Na minha trajetória de vida e de militância política, conheci pessoas atingidas pela crueldade do regime militar. Elas me marcaram profundamente e me motivaram a abraçar a luta pelo resgate da memória, e a revelação da verdade histórica, com vistas a se fazer justiça, o que se tornou um compromisso de toda a minha vida. Eu mesma fui alvo dos efeitos perversos daquele regime de força, desde a minha militância na pastoral da terra da Arquidiocese da Paraíba, onde Dom José Maria Pires era o Arcebispo, até os anos de chumbo que me acompanharam a São Paulo, terra que generosamente me acolheu.

Como assistente social da prefeitura de São Paulo, juntei-me às vítimas e opositores do regime e, assim, a luta de resistência ao arbítrio e em defesa dos direitos humanos continua até hoje. Ao longo desses anos, convivi, por exemplo, com Dona Elzita Santa Cruz, mãe de Fernando Santa Cruz, desaparecido político aos 26 anos de idade. Desde então, essa incrível mulher passou a viver em função da busca da verdade sobre seu filho, ao lado de muitas outras mães que também continuam sem resposta sobre o desaparecimento de seus filhos. Dona Elzita, durante seus longos 105 anos de existência, nunca desistiu e jamais perdeu a esperança de encontrar seu filho ou, pelo menos, saber onde puseram seus restos mortais. Por isso, ela se tornou símbolo de resistência e inspiração para todos nós que lutamos por essa causa.

Na condição de prefeita não hesitei em tomar todas as medidas que estavam ao meu alcance quando, em 1990, descobrimos a existência de uma vala clandestina, no Cemitério Municipal Dom Bosco, no bairro de Perus, com 1.049 ossadas – algumas delas suspeita-se de serem vítimas da ditadura militar, outras, do esquadrão da morte, conforme ficou comprovado anos depois. Além de centenas de miseráveis, vítimas de uma sociedade injusta que exclui a maioria da sua população.

Com a decisiva participação dos familiares de mortos e desaparecidos políticos, iniciamos um processo de investigação, assumido, à época, pela Universidade Estadual de Campinas (Unicamp), e que continua em curso por meio do Grupo de Trabalho Perus (GTP), sob a responsabilidade do Centro de Antropologia e Arqueologia Forense da Universidade Federal de São Paulo (CAAF/Unifesp). Esse complexo e árduo processo, já conseguiu identificar algumas ossadas de desaparecidos políticos.

Em 2011, como deputada federal, apresentei projeto de lei (PL n°573/11) que propõe a alteração da Lei de Anistia (Lei n° 6.683/1979), conferindo a esse diploma legal interpretação autêntica, no sentido de excluir do seu benefício os agentes do Estado que cometeram crimes de lesa-humanidade, como tortura, morte, desaparecimento forçado, estupro e outros. Todos ainda impunes. A apresentação do referido projeto de lei se deu face à estranha decisão do Supremo Tribunal Federal (STF) a favor da constitucionalidade da Lei de Anistia, e que, portanto, só outra lei do Congresso Nacional poderia alterá-la.

Nesse mesmo ano, foi instituída, pela Lei n° 12.528/2011, a Comissão Nacional da Verdade (CNV), com o objetivo de resgatar a memória e revelar a verdade histórica sobre os crimes da ditadura militar, com vistas à reconciliação nacional. Durante a discussão desse projeto, denunciamos, sem sucesso, o fato de não propor justiça para as vítimas, e, além disso, deixava impunes os responsáveis por tais crimes. Prevaleceu, no entanto, o texto original, visto que tal projeto fora fruto de mais um acordo entre o governo federal e os comandantes militares.

Instalada a Comissão Nacional da Verdade, criamos, no âmbito da Comissão de Direitos Humanos da Câmara dos Deputados, a Comissão Memória, Verdade e Justiça, no sentido de acompanhar e contribuir com os trabalhos da CNV. Esta Comissão estimulou a criação de comissões semelhantes nos estados, Distrito Federal, municípios, universidades, centrais sindicais e outros, que atuaram efetivamente nas investigações e na construção do Relatório Final da CNV.

Ademais, destacaria a reconhecida contribuição dos inúmeros comitês de familiares de mortos e desaparecidos políticos, criados em todo o país, e que se constituíram em espaços de manifestação dos familiares, dos sobreviventes da ditadura, e dos ativistas dos direitos humanos. Uma leitura atenta do Relatório Final da CNV possibilitará uma avaliação da importância desses Comitês no processo de investigação.

Eis que novamente nossos caminhos se cruzam, no momento em que tenho a oportunidade de prefaciar este precioso e oportuno registro histórico, feito com beleza e generosidade pelos familiares e vítimas do arbítrio, como um hino de amor e gratidão aos que tiveram suas vidas ceifadas em um dos períodos mais sombrios de nosso tempo. Hino que rompe com o silêncio criminoso daqueles que violaram covardemente a dignidade e os direitos humanos de homens e mulheres, cujas existências foram sacrificadas em defesa de justiça e de democracia.

Com esta modesta contribuição procuro responder ao convite da companheira e amiga Rosalina Santa Cruz, ela mesma vítima da crueldade do regime militar, além do desaparecimento do seu irmão Fernando Santa Cruz, crime que não se prescreve enquanto seus restos mortais não forem encontrados.

Composto por dolorosos relatos de esposas, filhos e filhas, irmãos e irmãs, *Memórias Afetivas* demonstra, ao mesmo tempo, sentimentos contraditórios, de indignação e de ternura. *Indignação* face às práticas de crueldade como: tortura, estupro, assassinatos e humilhação contra pessoas indefesas. *Ternura* que transparece nos depoimentos e na beleza dos textos, revelando a grandeza do sonho que inspirava e continua a inspirar esses seres humanos especiais. Ao lermos esses relatos somos levados(as) pela imaginação a caminhar por um jardim com plantas e flores coloridas, cada qual com seu singular perfume. A coragem e a dignidade dos personagens dessas histórias nos asseguram que a violência contra as plantas e flores desse jardim não conseguiram deter a chegada da primavera.

São os sentimentos expressos em *Memórias Afetivas* que torna sua leitura instigante, impulsionando o leitor a querer saber mais sobre seus personagens que doaram a própria vida em defesa dos direitos humanos, por justiça e democracia para todas e todos os brasileiros.

Concluo com os versos inspiradores do poeta, que nos animam a lutar para que nunca mais uma mãe tenha que, até o último dia de sua vida, arrumar o quarto de um filho que já morreu em consequência da ação violenta do Estado terrorista; para que a saudade não seja “o pior tormento”, uma vez que os Direitos Humanos serão respeitados.

Luiza Erundina de Sousa
Novembro de 2019

Apresentação

Eugênia Augusta Gonzaga[1]

Memórias afetivas: um título perfeito para um livro composto de relatos tão delicados e doces. Ao ler cada um deles, tenho a sensação de que é preciso passar cada página com o mais absoluto cuidado, que é para não machucar ainda mais quem as escreveu.

Em todos os textos, está presente o vácuo que a perda abrupta de entes queridos deixou na vida de seus autores e autoras. Em todos os textos, a presença de uma dor profunda. A dor de saber que seus pais, tios, irmãos e irmã foram vítimas de uma crueldade e ignorância absurdas e de saber que também são vítimas. Vítimas da covardia de quem tem total consciência de que o futuro de tantas famílias foi imperdoavelmente roubado e, mesmo tendo alguma parcela de poder para mudar essa situação, prefere permanecer negando às gerações atuais os seus direitos à verdade e à justiça.

Ao lado de poucos colegas no Ministério Público Federal, com diz a música de Ivan Lins, "não fechei os olhos, não tapei os ouvidos" diante dessa dor.

Mas nossas atuações foram e seguem sendo isoladas. Infelizmente, a maioria das autoridades brasileiras prefere se omitir e cumprir o vergonhoso pacto pela impunida-

1 Procuradora Regional da República e ex-presidenta da Comissão Especial sobre Mortos e Desaparecidos Políticos (CEMDP).

de celebrado no Brasil no final dos anos 70, com o nome de Lei da Anistia. É esse pacto que impede a consolidação de nossa democracia e que tem levado à repetição da prática de crimes abomináveis pelo Estado brasileiro.

Nesses últimos 18 (dezoito) anos, seja como procuradora da República, ou como presidenta da Comissão Especial sobre Mortos e Desaparecidos Políticos (CEMDP) - função que exerci de julho de 2014 a julho de 2019 –, posso dizer que participei das iniciativas mais importantes adotadas no âmbito jurídico com o fim de promover algum tipo de mudança nesse cenário de descaso. Se não avançamos mais, certamente foi em razão do tal "pacto".

Tive a honra de ser convidada para fazer a apresentação dessa obra para que relatasse algumas dessas iniciativas. É o que passo a fazer em rápidas linhas.

Entre os anos de 2002 a 2011, como membro do Ministério Público Federak (MPF), contribuí para a identificação e entrega às famílias, para sepultamento em seus jazigos, dos corpos de Flávio Carvalho Molina e de Luiz José da Cunha, bem como das cinzas de Miguel Sabat Nuet., que foram aspergidas por sua filha e filhos nas montanhas do interior da Espanha, onde ele nasceu e passou a infância.

Nesse mesmo período, participei das diligências de buscas dos corpos de Virgílio Gomes da Silva, Sérgio Antônio da Silva Correa, Hiroaki Torigoe, Luiz Hirata e Aylton Adalberto Mortati, nos cemitérios de Vila Formosa e Perus, na cidade de São Paulo, mas não chegamos à localização de seus corpos. Ainda assim, no cemitério de Vila Formosa, a então Secretaria de Direitos Humanos da Prefeitura e o respectivo Serviço Funerário fizeram ali o jardim "Para não dizer que não falei das flores" em homenagem aos desaparecidos políticos, onde a família de Virgílio disse que finalmente tiveram um local para "queimar uma vela" e honrar sua memória.

Com o procurador Marlon Alberto Weichert, que deu início à atuação em Justiça de Transição no MPF, propusemos as primeiras ações judiciais para responsabilização civil de agentes e colaboradores da ditadura. Entre os réus estavam Carlos Alberto Brilhante Ustra, Audir Santos Maciel, Harry Shibata, Romeu Tuma, Dirceu Gravina, Laudo Natel, Miguel Colasuonno e Paulo Maluf; bem como representações à área criminal do MPF para que fossem instaurados inquéritos e processos penais em face de alguns desses mesmos réus e de outros pelas mortes de Flávio Caralho Molina, Luiz José da Cunha, Vladimir Herzog, Manuel Fiel Filho e de vítimas da Operação Condor desaparecidas em território brasileiro.

A maioria dessas representações foi rejeitada de plano por procuradores da área criminal, mas algumas produziram frutos, especialmente aquelas que caíram no terreno fértil de outro querido colega, Sérgio Gardenghi Suiama. Sob sua coordenação, foram instaurados dezenas de inquéritos criminais e ofertadas várias denúncias criminais.

Como se sabe, o Judiciário brasileiro permaneceu refratário às teses da não incidência da Lei de Anistia e da imprescritibilidade desses crimes, portanto, ainda não houve condenação alguma dos autores das graves violações cometidas durante a ditadura militar. Todavia, nosso trabalho não foi em vão, pois esses violadores ao menos dormiram algumas noites sabendo que foram processados e que poderiam responder – um dia – pelos crimes terríveis que praticaram. Como ouvi de uma familiar, a Criméia Alice Schmidt de Almeida, apenas esse fato já foi um grande avanço no cenário histórico de impunidade e inércia.

No exercício da presidência da CEMDP, pude contribuir um pouco mais para essa causa.

Foi dado sequência a pagamentos de indenizações que estavam pendentes e tive a satisfação de comunicar o depósito dessas verbas simbólicas (máximo de 130 mil reais por vítima morta ou desaparecida), mas muito significativas, para os familiares de Flávio Pereira da Silva, Adauto Freire da Cruz e Pedro Alexandrino de Oliveira Filho. Participei pessoalmente da coordenação das atividades do Grupo de Trabalho Perus[2] (GTP) e das diligências de buscas dos corpos de João Leonardo Filho (BA), Celso Gilberto de Oliveira (RJ), de vestígios da chacina no Parque de Foz do Iguaçu (PR) e de sepultamentos clandestinos nos cemitérios públicos de São Paulo/SP, Rio de Janeiro e Petrópolis/RJ, e Marabá/PA.

Tive também a alegria de participar das notícias de identificação – pelo GTP - de Dimas Antônio Casemiro, a seu filho, e de Aluísio Palhano Pedreira Ferreira, a sua filha. Eles foram os únicos desaparecidos identificados nos últimos anos em toda a América Latina, sendo que a cerimônia de entrega e sepultamento de Dimas foi feita exatamente no dia 30 de agosto de 2019, Dia Internacional das Vítimas de Desaparecimento Forçado, quando ouvi, de seu filho: "– meu pai não é mais um desaparecido."

---

2 Fruto de acordo de cooperação entre o governo federal, município de São Paulo e Universidade Federal do Estado de São Paulo (Unifesp).

Mas foi apenas há cerca de três anos que me dei conta do quanto às reparações imateriais, de acolhimento das dores explicitadas nessa obra, ainda eram extremamente esperadas. Foi quando, junto dos demais membros da CEMDP, especialmente Diva Santana e Vera Paiva, que são familiares de um desaparecido e de uma desaparecida políticos(as), passamos a implementar medidas como as retificações de assentos de óbito; o Encontro Nacional de Familiares (ENF), realizado pela CEMDP em dezembro de 2018; e a Caminhada do Silêncio, que contou com mais de 20 mil participantes em todo o País, realizada em 31 de março de 2019, data dos 55 anos do Golpe civil-militar brasileiro.

Tanto no Encontro como na Caminhada, o foco principal foi o acolhimento e o protagonismo de familiares, que puderam, pelas primeiras vezes em espaços oficialmente proporcionados por entes públicos para essa finalidade, expressar seus sentimentos, partilhar suas angústias e fazer com que a sociedade em geral, tão alheia a tudo isso, despertasse minimamente para essa chaga.

Entre essas formas de reparação imaterial, as retificações dos assentos de óbito foram a providência mais valorizada pelas famílias.

Elas nunca se conformaram com os termos lacunosos das certidões de óbito lavradas nos termos da Lei 9.140/95. É o que fica claro no texto de Andreia Prestes neste livro (página 73), sobre o atestado de óbito de João Massena, entregue inicialmente pelo Estado brasileiro:

> (...) o Médico atestante chama-se Dr. Ignorado. Por triste coincidência, o lugar de falecimento leva o mesmo nome: Ignorado. Também parece curioso

> que, nessa certidão, o lugar de enterramento é o Cemitério Ignorado e o motivo do falecimento ignorado. E nesse país sem memória, sem resposta, sem seu corpo, sigo me sentindo ignorado. Crime contra a democracia, mulher preta e favelada, onde está o mandante? Ignorado. Tantas mães sem seus filhos, Manguinhos, Acari e Costa Barros, quem executou? Ignorado. Seguimos. Sem resposta. Sem retorno. Sem verdade. Ignorados! A cada dia que passa sem nomear nem punir culpados, o Estado confirma nosso coro de Ignorados.

A família Massena e, pelo menos, outras vinte receberam da CEMDP, a partir de 2018, outro tipo de atestado. No caso de João Massena Melo, o texto que contou com sua aprovação foi o seguinte:

> JOÃO MASSENA MELO, brasileiro, casado, metalúrgico, residente e domiciliado em Rua Luis Delfino, 48, Cascadura, Rio de Janeiro/RJ, nascido em 16 de agosto de 1919, filho de Olímpia Melo Maciel e de Sebastião Massena Melo; conforme reconhecido às páginas 1.630/1.633, do Volume III, do Relatório Final da Comissão Nacional da Verdade, instituída pela Lei n° 12.528, de 18 de novembro de 2011, **faleceu** no dia 03 de abril de 1974, na cidade Petrópolis/RJ, possivelmente no local reconhecido como Casa da Morte, em razão de **morte não natural**, violenta, causada pelo Estado brasileiro, no contexto da perseguição sistemática e generalizada à população identificada como opositora política ao regime ditatorial de 1964 a 1985.

Nos termos da Resolução CEMDP n. 02/2017, esse atestado ou declaração, expressamente permitido à luz da Lei de Registros Públicos, deu ensejo à retificação do assento original, pelo respectivo Cartório de Registro Civil. Foi o que ocorreu com aproximadamente uma dezena de famílias, que, por sua vez, receberam novas certidões de óbito.

Porém, uma dessas novas certidões foi sobre o óbito de Fernando Augusto de Santa Cruz Oliveira e essa despertou a atenção do presidente da República Jair Messias Bolsonaro para as atividades da CEMDP. Lamentavelmente, tão logo ele teve ciência dessas medidas destinadas à retificação dos assentos de óbito, em especial o de Fernando Santa Cruz, editou um decreto com a minha exoneração sumária e de mais outros três membros da CEMDP.

Foi um choque, mas, por outro lado, o fato finalmente deu a visibilidade que o trabalho da CEMDP e as reivindicações históricas dos familiares merecem.

Além disso, em nome das memórias afetivas aqui relatadas, aceitaria ser demitida mil vezes.

São Paulo, outubro de 2019

Obra e memórias

A ideia e a produção desta obra surgiram durante os encontros proporcionados pelo CICV (Comitê Internacional da Cruz Vermelha), de 2015 a 2019, em apoio aos familiares dos desaparecidos políticos, durante a ditadura militar. Surgiram para explicitar a história pessoal dos militantes idealistas, levados pelo desejo de melhorar a vida de seus semelhantes, violentamente sequestrados e assassinados.

A escrita do livro emergiu, naturalmente, na forma de textos escritos por filhos e filhas, netos e netas, irmãos e irmãs, sobrinhos e sobrinhas, e amigos dos desaparecidos. Sentiram a necessidade de jogar luz aos seres humanos, que escreviam poemas, contavam histórias, apreciavam bons momentos familiares, tinham refinado senso de humor, gostavam de música, cuidaram dos irmãos, jogavam futebol, nadavam. Pessoas que, em toda sua humanidade e singularidade, foram amadas durante as suas vidas, ainda são hoje e sempre serão.

Para os familiares tornou-se importante evidenciar o significado dos desaparecimentos políticos. Pois, para os sobreviventes – ao sofrimento e ao tempo decorrido – tem sido muito difícil aceitar o eufemismo da expressão "desaparecido político", em lugar de "morto sob tortura". Tampouco conseguirem, na maioria dos casos, enterrar dignamente seus mortos, direito de toda família desde os primórdios da humanidade. Em verdade, *nós familiares não perdoamos os torturadores e lutamos pela direito à Memória, Verdade e Justiça.*

Em nome da humanidade das pessoas queridas e desaparecidas, arrasadas pelos desmandos da ditadura de 1964, reforça-se o desejo inquebrantável de que isso não mais se repita. - Tortura e desaparecimento nunca mais!

Familiares dos desaparecidos políticos
São Paulo, Primavera de 2019.

Todos os desaparecidos e mortos políticos

Maria Amélia de Almeida Teles[1]

Minhas memórias afetivas são dedicadas às mães, esposas e companheiras, filhas, irmãs, amigas de parentes ou não de militantes políticos que ousaram se opor à ditadura militar, e por isso foram sequestrados e mortos. Muitos deles encontram-se insepultos até os dias de hoje por não terem seus corpos entregues aos seus familiares.

Maria Augusta Capistrano, D. Felícia Mardine, Alzira Grabois, D. Clea Moraes, D. Helena Pereira, Fanny Alxerud Seixas, D. Julia, D. Cirene Moroni Barroso, Elza Joana, D. Elzita Santa Cruz, Clarice Herzog, D. Aglaé Costa, Esmeraldina Carvalho Cunha, Zuzu Angel, D. Egle Vannuchi, D.Carmem Mortati, D. Iracilda Lisboa de Moura, Suzana Lisboa, Crimeia Almeida, Mariluce Moura, Laura Petit, Rosalina Santa Cruz, D. Ermelinda Bronca, D.Lidia Roman, Diva Santana, Dilma Alves, Lucinha Alves, Amparo Araújo, Iara Xavier Pereira, Helenalda de Souza Nazareth, Eunice Paiva, Zilda Xavier, Sônia Haas, Naisandy de Araújo Barret, Damares Lucena, Telma Lucena, Maria Madalena Cunha, Maria Helena Molina de Carvalho, D. Adalgisa

1 Maria Amélia, Amelinha como é conhecida, foi vítima (torturada) durante a ditadura militar e tem participado ativamente de comissões de familiares de desparecidos políticos.

Bicalho Lana, Elba Gomes Goulart, D. Nayrsa Cardoso, D.Gertrud Mayr, Zodja Pereira e tantas outras cujos nomes não estão aqui relacionados neste momento.

Muitas já morreram, outras ainda vivem. Todas elas trouxeram e ainda trazem mensagens de afeto, de dor e de luta em busca de uma resposta sobre o que fizeram com os desaparecidos políticos da ditadura militar (1964-1985). Queriam velar seus mortos, mas não tiveram seus corpos que a repressão os ocultou. Não silenciaram diante de tanta ausência, pressão, medo e saudade com o passar do tempo. Eu as trago na memória afetiva e elas fazem parte da minha vida, da minha luta e da minha história. A cegueira sexista ainda não lhes dá um lugar de destaque na história de nossa gente. No entanto, são elas que nos ensinaram e ensinam que há muita dignidade na busca da verdade e da justiça. Ensinaram e ensinam que a busca de uma pessoa desaparecida é um ato permanente de honrá-la, dar-lhe um lugar na memória, é abrir caminhos para que seja lembrada sempre como uma pessoa querida. Em cada encontro com estas pessoas, parentes de desaparecidos, há um processo de ensinamento que nos remete a Júlio Fuchik (comunista desaparecido na 2ª. Guerra Mundial, num campo de concentração) de que as pessoas desaparecidas "eram pessoas, e tinham nomes, tinham rostos, desejos esperanças... juntai com paciência as testemunhas daquelas (pessoas) que tombaram por eles, por elas, e por nós." Assim essas mães e parentes nos trazem lembranças bonitas de seus entes queridos, que tiveram suas vidas ceifadas por defenderem liberdade e democracia. Afeto, solidariedade, saudades e carinhos fazem parte de seus espaços de encontros e reencontros.

São Paulo, 2018

David Capistrano

O sentimento da perda

Maria Carolina Capistrano[1]

Pai,
te perdi várias vezes
(e sempre a sensação de nunca ter te encontrado.)
Te perdi desde sempre, nas tuas ausências e mistérios.
Te perdi quando partiste de repente,
por caminhos sempre desconhecidos.
(Mas, consolo, foi contigo uma parte do terror)
Te perdi em cada momento intenso da minha vida
em que não estavas presente.
(mas a possibilidade da tua presença permanecia).
Desejei te encontrar quando, com olhos adultos,
Percorri temas do teu interesse.
Então pensei ser possível nosso encontro.
Pensei.
Te perdi ainda mais quando teus amigos puderam voltar.
Te perdi quando tive a certeza de que havia te perdido.
Sinto medo de prosseguir te perdendo
mas vivo procurando alcançar

---

1 Filha de David Capistrano da Costa

Cristina Capistrano[2]

Praga, 1973

Nascido em 1913 David acabou de fazer 60 anos, neste 16 de novembro, em Praga, República Tcheca. O tempo estava bom e David sentia-se confortável ali. Mas, da mesma forma que já havia acontecido outras vezes, seus próprios pensamentos o sobressaltaram; desperto, lembrou-se de sua casa no Brasil e de seus familiares. Tentou pensar se estariam lembrando de seu aniversário, e isso o tirou definitivamente da sensação de conforto físico que sentiu ao acordar.

Olhando pela janela do apartamento em Praga viu mais uma vez o rio que corta a cidade e mais uma vez pensou em Recife, cidade onde morou e teve intensa participação política, até a eclosão do golpe cívico militar de 1964.

Estar longe de casa, involuntariamente, trazia uma repetição de associações com lembranças dos lugares que lhe eram mais próximos, em seu país. Já havia sentido isso em outros momentos de sua vida. Era essa sensação que o fazia sentir-se no exílio e, talvez, esse tenha sido o motivo de ter afirmado aos filhos – David Filho, Cristina e Carolina, ainda no Rio de Janeiro, que não ficaria mais de dois anos fora do Brasil. Maria Augusta, companheira de vida e lutas por quase 30 anos, mãe de seus filhos sou-

2 Filha de David Capistrano da Costa.

be da data da viagem poucas horas antes, em obediência aos esquemas de segurança do PCB. Maria Augusta, hoje já aos 100 anos, lúcida, ainda lembra-se do filho dizendo "papai vai viajar hoje, daqui a pouco". David pegou a mala e se despediu rapidamente de todos. Maria Augusta lembra que "nunca mais nos vimos".

A vontade de David de voltar ao Brasil era maior do que o risco que sabia estar correndo. Confiava nos esquemas do PCB, que integrava desde 1934, e considerava sua longa experiência de vida na clandestinidade, desde 1935, quando participou do Levante Comunista. Após a derrota do Levante e tendo fugido com outros companheiros da prisão na Ilha Grande, integrou as Brigadas Internacionais para lutar na Guerra Civil Espanhola, tendo ainda em 1938 lutando como *partisan* na fronteira França/Alemanha, contra as tropas nazistas, tendo sido preso e enviado ao Campo de Gurs, do qual novamente evadiu-se e voltou para o Brasil, antes do final da Segunda Guerra.

Agora em Praga, neste novo exilio, provocado pela ditadura no Brasil, alguns dias antes de seus 60 anos, David encontrou com João Massena. Era um companheiro do PCB que estava em Praga para alguns informes sobre a situação política no Brasil. David falou da decisão de não permanecer por muito mais tempo na Europa.

João Massena e David Capistrano em 1973.

Ao voltar para o Brasil, no Rio de Janeiro, Massena procurou Maria Augusta e mostrou a foto, a última em que podemos vê-lo vivo. Também nunca pudemos vê-lo morto, pois foi preso em março de 1974, e até hoje é dado como "desaparecido político", juntamente com o companheiro Massena.

Rio, 1º de março de 2019
Cristina Capistrano

Edgar de Aquino Duarte

Testemunhos

Testemunho de Maria Jose Fernandes Willumsen[1]

Edgar entrou em nossas vidas em 1968 como Ivan Marques Lemos. Buscando trabalho, foi a uma corretora de valores e meu marido foi quem o atendeu. Após entrevistá-lo, contratou-o como corretor. Poucos meses depois, Ivan (Edgar) foi promovido. De imediato ficamos muito amigos e logo se tornou parte de nossa família. Trabalhávamos e passávamos fins de semana juntos; no final do ano resolvemos iniciar nosso próprio negócio e o convidamos para sócio. Nesta altura, Edgar pediu para ter uma conversa séria conosco; foi quando nos contou de sua vida passada. Ficamos sabendo sua história: o exílio, seu casamento em Cuba e que seu nome verdadeiro não era Ivan. Contou-nos como obteve os novos documentos, emitidos por órgãos oficiais, o que lhe dava segurança para reiniciar nova vida. Para proteger-nos, nunca contou seu verdadeiro nome e dizia ser melhor que não o soubéssemos. Descobri-lo passou a ser um joguinho de adivinhação! Nunca o descobrimos, infelizmente. A esta altura o carinho que tínhamos por ele já era maior do que qualquer medo que pudéssemos sentir por nossa ligação. Nosso objetivo era resolver seu problema o mais cedo possível, já que não participava mais de nenhum movimento.

---

1 Amigo de Edgar de Aquino Duarte

Resolvemos "adotá-lo" como filho, papel que desempenhou até 3/6/1971, quando foi sequestrado por dois homens, em seu apartamento. Nesta manhã, ao chegarmos ao escritório, não o encontramos. Minutos depois recebemos telefonema do porteiro do prédio onde ele morava, informando-nos que dois homens o haviam levado durante a madrugada, como se fossem seus amigos. Como Edgar não tivesse retornado, o porteiro achou por bem nos avisar, pensando num acidente. Enquanto ele temia por acidente, temíamos por algo muito pior. Estávamos muito preocupados com sua segurança desde que, no segundo semestre de 1970, quando andava por uma rua em São Paulo, encontrou um grande amigo, Jose Anselmo dos Santos, que pediu acolhida em seu apartamento. Sabíamos bem quem era Anselmo e sabíamos da grande amizade que os unia, mas aconselhamos que não o acolhesse. Dispusemo-nos a recebê-lo em nossa casa, já que não tínhamos nenhum envolvimento com movimentos de esquerda. Ele rejeitou nossa proposta para nos proteger, mas disse que não poderia abandonar o amigo e o recebeu.

Passamos a conviver com Anselmo, embora que de forma bem mais reservada do que com Edgar. Anselmo chegou a ficar com nossos filhos umas poucas vezes, quando a pessoa que cuidava de nossa casa faltou ao trabalho e tínhamos compromisso importante. As crianças gostavam muito dele e nós também. Apesar dos cuidados que mantinha, poucos dias antes de seu sequestro, foram a um evento juntos (jogo de basquete da seleção cubana e Anselmo conversou com a capitã da equipe). Nos dias seguintes, segundo Edgar, passaram a ser seguidos. Logo levaram o Anselmo do apartamento, sem alarde. Tudo indica que ignoravam quem ele era. Momentos terríveis e grande angústia tomou conta de nós, já que nas duas madrugadas que se seguiram rondaram os corredores de seu apartamento.

Edgar negou-se a fugir ou esconder-se. Sabíamos que seria preso. Entregou-nos seus principais pertences, entre eles a aliança de casamento, cartas da esposa Teresa, e pediu que a procurássemos para dizer que nunca a havia esquecido ou abandonado. Edgar falava de Teresa o tempo todo; até cantávamos uma música com seu nome... Prometemos que tentaríamos encontrá-la e dar seu recado. Em 2015, finalmente pude ir a Cuba, já sem meu marido que havia falecido em 2009. Após longas buscas encontrei Teresa, passei seu recado, cumprindo nossa promessa. Hoje somos grandes amigas. Resumidamente, esta foi nossa vida com Edgar. Intensa, repleta de carinho e muito amor. Foi o irmão mais velho de meus filhos. As crianças o adoravam: esperavam-no todas as noites e desfrutavam conosco de sua companhia. Edgar brincava com eles como se fosse outra criança; outras vezes pegava-os no colo e os acariciava como um irmão mais velho. Para nós (Oscar e eu), Edgar foi um filho, além de nosso melhor amigo. Nossas famílias também o acolheram; sempre participou de nossas reuniões familiares. O sequestro de Edgar desestruturou nossa vida: passamos 5 anos buscando-o por todo lado, implorando por informações. Fomos a Recife atrás de seus pais, em busca de notícias. Contratamos advogado, entramos com vários *Habeas Corpus* para tentar encontrá-lo, mas sua prisão nunca foi confirmada pelas autoridades. Sabíamos, por vias indiretas, que ora estava na OBAN, ora no DOPS, mas apesar de esforços gigantescos nunca conseguimos nos comunicar com ele. A única exceção foi uma carta que recebemos dele, meses depois de seu sequestro, pedindo que o ajudasse porque estava para ser morto.

Hoje, passados 48 anos, ainda não conhecemos oficialmente seu destino: continua desaparecido. Um imenso sentimento de impotência e culpa, por não termos podido encontrá-lo e ajudá-lo, como merecia, tomou conta de nós. A este sentimento, hoje se soma a grande saudade que sentimos do nosso tão querido Edgar.

Testemunho de Sandra Willumsen Jones[2]

O Ivan era como nosso irmão mais velho. Ele trabalhava com meus pais, mas em pouco tempo nos conquistou com sua meiguice, sua alegria contagiante e o carinho imenso que tinha por todos nós. Eu tinha 8 anos e meu irmão 7 quando o conhecemos. Nós jantávamos juntos quase todos os dias, em casa, na "Zi Teresa", ou numa churrascaria pertinho do apartamento do Ivan. Ou fazíamos nosso lanche preferido: filé à milanesa à moda cubana. O importante era estarmos juntos. Deleitávamo-nos e ríamos o tempo todo. Cada refeição juntos era uma festa. Esse era o dom do Ivan: alegrar por onde passava. Até quando na solitária, apanhando quase que diariamente e sendo sujeito a torturas psicológicas, ainda cantava para levantar o astral dos companheiros nas celas vizinhas: " Quero ver Teresa, quero ver Teresa......" Tivemos a oportunidade de conhecer sua musa, Teresa! Que alegria!

---

2 Amiga de Edgar de Aquino Duarte.

Também viajávamos bastante. Quase todos os fins de semanas íamos a Curitiba para visitar a família da minha mãe e membros da família de meu pai, que também moravam lá. Neste tempo meus pais tinham um Galaxy prateado — um carro enorme! O Ivan sempre sentava no meio do banco de trás. Meu irmão no seu lado esquerdo e eu no lado direito. Ríamos muito, cantávamos e comíamos muita bananinha seca de Registro! Eu quando pequena ficava enjoada viajando de carro, mas quando o Ivan estava com a gente, não tinha como me sentir mal. Depois cansávamos e encostávamos nossas cabeças nas pernas super longas do nosso irmãozão e dormíamos um par de horas, no seu aconchego.

Às vezes íamos ao litoral. O Ivan adorava o mar. Contava de sua infância em "Bom Jardim", das lindas praias do Nordeste e das lagostas deliciosas que um dia comeríamos em Recife, porém sem ele, pois já havia sido morto. A alegria de conhecer os lugares da sua infância, de conhecer sua família, de caminhar pelas ruas que ele descreveu para a gente foi entristecida pela saudade do nosso ente tão querido, que foi arrancando violentamente de tantos que o amavam.

Sentimos muita tristeza de não tê-lo conosco. O cheiro da bananinha seca me lembra ainda da nossa gula no banco traseiro do Galaxy, mas também me lembra do dia em que armaram um cerco perto de Registro pelo qual, graças a Deus, passamos sem incidentes quando retornávamos de Curitiba a São Paulo. Estavam procurando por Carlos Marighella. Meu irmão e eu tínhamos 8 e 9 anos então, mas ainda nos lembramos vividamente da chacina que ocorreu quando o encontraram e das monstruosidades que fizeram com os capturados, e até mesmo com os cadáveres.

Ainda sofremos com a angústia de não ter conseguido encontrá-lo e com as lembranças ruins, revividas quando ouvimos o depoimento do Ustra, as entrevistas com o Cabo Anselmo (o "amigo" que o traiu), ou as barbaridades ditas pelo Bolsonaro sobre a eficácia de tortura e seu desejo de celebrar o golpe militar de 1964 — porque conhecemos na nossa alma as atrocidades que foram cometidas neste período contra nossos amigos e nossa democracia.

Mas honramos a memória alegre de nosso irmãozão tocando para a frente. Rimos, brincamos e cantamos: "Caminhando e cantando e seguindo a canção. Somos todos iguais braços dados ou não...". Te amamos muito, Ivan/Edgar! Você vai sempre ter um cantinho especial no coração da nossa família.

Testemunho de Oscar Willumsen Jr.[3]

Hoje, resolvi sentar e escrever a respeito de uma pessoa maravilhosa, um homem que vivia feliz e rindo o dia inteiro. Este homem personificava alegria. Estou me referindo ao meu querido irmão Ivan Marques Lemos (Edgar de Aquino Duarte, seu nome verdadeiro). Não sei como vou descrever este relacionamento e esta pessoa em apenas uma página. Enfim, tentarei e farei o melhor possível.

.Ivan chegou a passar muitas noites em nossa casa. Às vezes púnhamos uma mesinha de bilhar (de plástico) com bolinhas de meio centímetro de diâmetro em cima da mesa de jantar e jogávamos até altas horas da madrugada.

3 Amigo de Edgar de Aquino Duarte.

Divertíamo-nos como ninguém pode imaginar! Jamais esquecerei nossas viagens de fim de semana e de fim de ano. Estar com Edgar (Ivan) era uma alegria contínua. Nunca vi ninguém tão feliz! Com o tempo comecei a entender quem ele era. Viveu uma vida correndo de um lado para outro... sem parar e ter sossego. Finalmente, agora, aos 27 anos, começou a trabalhar com meus pais, e em muito pouco tempo passou a ser sócio na corretora deles. Era um rapaz íntegro, honesto, responsável, amoroso e leal. Que pessoa incrível!

Hoje me resta sentar aqui, na frente deste computador e escrever a respeito desta pessoa maravilhosa que só queria o bem de todos e para todos. Morreu baixo à tortura. Por quê? Tudo que Edgar (Ivan) queria era reconstruir sua vida, procurar Teresa e viver em paz com ela, nossa família e sua família do Nordeste.

Foi uma calamidade o que fizeram com ele, um assassinato brutal e desnecessário.

Querido irmão, saiba que você conseguiu seu objetivo, sem dar um tiro e sem torturar ninguém, você acabou mudando o Brasil que você tanto amava. O Brasil, depois que você se foi, chegou a ser bem melhor, mais justo, com menos desigualdades, graças a sua luta e de seus companheiros. Você deixou um legado de amor. Saiba que sempre será amado por todos nós e que você vive em nossos corações. Sempre será amado pelas pessoas que o conheceram e que acabaram sendo cultivadas pelo seu caráter, honestidade e lealdade.

Descanse em paz, meu querido! Espero um dia poder te dizer o quanto meus pais fizeram para te encontrar. O fato de nossa mãe (infelizmente sem nosso pai) ter podido cumprir a promessa que ela e meu pai fizeram nos últimos momentos antes da tua partida nos conforta muito. Jamais esperávamos poder cumpri-la, nunca pensamos ser possível passar sua mensagem para o amor de sua vida, a Teresa, e dizer a ela o quanto você a amava. Suas memórias são lindas, alegres e aconchegantes. Mas não ter você conosco e pensar em tudo que você foi forçado a passar sozinho, sem nossa companhia e nossa ajuda, é muito doloroso. Um beijão do irmão que te quer muito,

Junior
Miami, 2 de abril de 2019

Edgar e seus familiares.

Edgar trocando pneu.

Carta de Teresa

Edgar de Aquino Duarte

Teresa[1]

Intento llevar al papel mis recuerdos de la relación que tuve con Edgar por casi dos años, y me resulta muy difícil. No sólo por el tiempo transcurrido desde 1964, cuando nos conocimos, sino porque es mi manera de protegerme del inmenso dolor que siento al recordarlo. Una pérdida jamás superada.

Éramos muy jóvenes y llenos de ilusiones. Pensábamos que podíamos cambiar el mundo. Mientras mayores eran los obstáculos más crecía nuestra decisión de vencerlos. Sabíamos, sin embargo, que un reencuentro podría demorar, por eso decidimos casarnos, ante la eventualidad de yo quedar embarazada. Si eso sucedía, esse reencuentro podría alejarse aún más. También sabíamos que existía la posibilidad de él renunciar a regresar a Brasil y quedarse con sufamilia cubana. Yo lo pensé. Estoy segura que él también. Pero de eso nunca se habló.

El compromiso con la lucha en Brasil superaba cualquier otro.

Primer amor, Revolución, encuentros clandestinos, lucha armada, separación, muerte...Todo esto moldeó una relación muy intensa de la que hablo poco pero que

1 Esposa de Edgar de Aquino. Sobrenome não localizado. Mora, atualmente, em Cuba.

me marcó para siempre... Sin Edgar mi vida hubiese sido otra. Posiblemente hubiese sido médico o diplomática... Sería una cubana más tratando de construir un país cada día más justo a pesar de errores y bloqueos. Brasil sería un país más en mi geografia latinoamericana. Hoy lo siento como mi segunda patria, tengo passaporte brasileño, y cuando lo visito siento una especial sensación de plenitud que no logro explicar. Tengo un hijo que habla portugués sin haberlo estudiado, y canta más sambas que muchos cariocas.

Volví a amar, pero mi amor por Edgar es irrepetible e insuperable. Hoy puedo decirlo, sin ofender. Y recordarlo me conmueve tanto que lo evito. Si lo hago ahora es para homenajearle y agradecerle su amor por mí y por Brasil. Y porque recordarlo hoy torna útil su sacrificio en la lucha por un mundo mejor.

Casamento de Edgar e Teresa.

Elson Costa

Elson Costa e Benedito Ramos: vidas desaparecidas

Antonio Valverde[1]

"Os comunistas guardavam sonhos
Os comunistas! Os comunistas!"
(Caetano Veloso, canção "Um Comunista", álbum *Abraçaço*, 2012)[2]

Por uma dessas fatalidades que descem do Aquém, *o século que viu* Elson Costa *viu* Benedito Ramos *também*. Nascidos nas Minas Gerais, um na cidade do Prata, outro, em Botelhos, filhos de antigas famílias da pequena aristocracia rural mineira, ambos comunistas, amantes da vida autêntica, cidadãos do mundo, mortos de ou por mortes suspeitíssimas. Tios perfeitos, tios ausentes presentes pela eterna clandestinidade, sobretudo, movidos pelo materialismo utópico.

Não conheci, pessoalmente, o Elson (1913-1975), mas, por um período, convivi intensamente com o tio Dito (1925-1977). Antes, a presença na ausência fora marcada por notícias graves e vagas, que alimentavam o meu

---

1 Sobrinho de Benedito Ramos, casado com Maria Helena, sobrinha de Elson Costa.

2 Acessível: https://www.youtube.com/watch?v=pM-V3f28Oqc

imaginário de adolescente do interior, de formação católica progressista. Tio Dito, primogênito dos meus avós maternos, Galdino Machado Ramos e Helena Pereira de Gouvea Machado Ramos. A lenda familiar registra sua sageza, aos quatorze anos estava formado guarda de livros, - uma abreviação do aprendizado de contabilidade -, professor voluntário de um curso noturno, inventado por ele, para os colonos da fazenda. Forte por natureza, muito alto, musculoso, matou uma cobra urutu com uma machadinha, enquanto o irmão caçula, Tio Zezé, subia-lhe às costas para proteger-se. Eviscerou a cobra, secou o couro e deu de presente para o padrinho fazer um cinto. Antes, a pele da cobra ficou exposta na escola, como demonstração da bravura. Organizou os colonos da fazenda da mãe e das vizinhas para venderem os excedentes de sua produção agrícola, na feira de Poços de Caldas, MG. Organizados em cooperativa. Muitos juntaram algum dinheiro e conseguiram comprar uma pequena propriedade rural e livrar-se de ser meeiro.

Fugiu de casa aos dezesseis, ameaçado pelo pai de uma moça... para inventar a própria vida, no interior do Paraná, *locus* da sedução, a meados do século passado. Casou com uma retirante de São Pedro do Cariri, Ceará. Nasceram cinco filhos. Ateu quatro cruzes, deu nomes bíblicos a três filhos, porque achava bonitos, significativos, claro, extra religiosidade. Tempos depois, morou na pequena Mandaguari, fundada em 1937. Tudo lá estava por fazer, como na Macondo de banana e brejo. Morava numa casinha de madeira, que construiu com suas mãos. À noite, lançava bombinhas para assustar as onças, que a rondavam. É sabido que algumas cidades do Paraná tiveram forte presença política de comunistas nos anos 40 e 50 do século passado. Coisa, aparentemente, pouco lembrada.

Ingressou no Partido Comunista, atuando no eixo Paraná-Goiás. Em 1955, estava de arma em punho na Guerrilha fluvial de Trombas e Formoso, em Goiás, sumida dos livros de História, porque Juscelino Kubitscheck anistiou a todos. O Estadista contara com os comunistas para eleger-se presidente e um tipo de assessoria indireta, enquanto esteve na Presidência da República. Antes, Elson se reuniu com ele no Palácio Liberdade, de Belo Horizonte, sem alarde, para acertar o apoio político do Partidão. Juscelino fez o mais completo plano de desenvolvimento social e econômico, mas, errou ao armar com exagero as Forças Armadas.

Tio Dito trabalhou, indicado pelo Partido Comunista, como assessor do governador Pedro Ludovico, de Goiás, antes de ir para a Rússia. Função política de que mais se orgulhava, além de missões específicas pelo Brasil afora. Teve um cartório em Anápolis, de registro civil, além de uma fazenda no interior de Goiás. Comprara a terra barata e a cultivara. Continuava um homem do campo. Quando regressou ao Brasil, a fazenda tinha outro dono, um coronel. E o cartório, que fim teve? Então, fixou-se em Londrina, para ficar próximo dos filhos. Abriu uma pequena construtora, levava uma vida frugal. Tocava com incomensurável parcimônia a atividade política, contada de modo cifrado em telefonemas para minha mãe, que me repassava, de forma quase enigmática.

Durante o segundo semestre de 1966, Tio Dito esteve escondido na casa dos meus pais, em Poços de Caldas. Voltava de uma estada de três anos e meio em Moscou, onde estudara na Universidade Patrice Lumumba. Para efeitos práticos, leninismo-marxismo foi o tema dos estudos. Mas, viajou pela Rússia, chegando até fronteira da China, onde curou a sinusite que o atormentava há tempos. Ele prometeu, se acaso eu desejasse, conseguir uma bolsa de estudos na Universidade. Pediu que não contasse para ninguém. No dia seguinte, metade do Colégio sabia.

Aqui, a ditadura civil-militar caçava comunistas em todos os lugares, da sede do sindicato ao bar da esquina, como ocorrido com a última e definitiva prisão do Elson Costa. Tio Dito viera da Europa pela América Central, saltando de um país a outro, conforme fora instruído pelos russos, para despistar os agentes ocidentais da Guerra Fria. Após, do Chile para a Argentina, da Argentina para o Uruguai. Entrando finalmente pelo Rio Grande do Sul, onde havia menos controle e mais resistência à ditadura. De ônibus, tentando disfarçar sua verdadeira identidade, conseguiu chegar a Poços de Caldas. Tarefa difícil, pois só vestia ternos pretos de lã casimira e camisas volta-ao--mundo. Uma pessoa de quarenta e um anos, um metro e noventa de altura chamaria a atenção em qualquer situação. Refinado, elegante, sedutor das mulheres bonitas, inclusive familiares, falando francês, por vezes, descuidadamente. Sem dar muita corda para o assunto prisão, por onde passara por oito vezes, até 1966. Era imprescindível os presos políticos, embora comunistas, que não conversassem entre si na cadeia. Por convenção de sobrevivência se ignoravam os nomes, para não darem pistas aos donos da ordem político-policial.

A sedução derivava da fina retórica, do humor, do conhecimento de História nacional e universal. Ia e vinha juntando pontas e fatos com leveza e muita graça. Reunia a família na casa dos meus pais para mostrar cartões postais dos lugares por onde passou, durante o retorno da Rússia para o Brasil. Era um pretexto. No meio da conversa, principiava o relato da história subjacente, sobretudo dos países americanos colonizados e, quiçá, às margens de uma mudança política. Embora a cerração sócio-política imediata apontasse para o contrário. O sarau ia até tarde da noite. Na semana seguinte continuava com outros recursos de exposição. Olhando à distância, talvez ele fosse, essencialmente, um professor, não um militante doutrinador.

Escrevia da Rússia para a minha mãe e para mim, uma carta para cada um. Cartas longas, que guardei com carinho. A expectativa do recebimento causava ansiedade, que eram, praticamente, quinzenais, tanto por saber notícias do tio querido, como por um medo da psicologia do rumor local. O pessoal do correio conhecia grande parte da população, que utilizava os seus serviços. Tive duas professoras do curso primário, filhas do chefe do correio de Poços. Cidade pequena, inferno grande. A chegada das cartas vindas da Rússia criava um pequeno alvoroço no correio local. Mais ainda, quando eu ia despachá-las para a Rússia. A psicologia do rumor nos atingia, menos ao meu pai, homem da estirpe dos que se auto conquistam pela serenidade e o distanciamento das situações embaraçosas, mas, sobretudo, dotado de discrição ímpar. Ele e o tio Dito não se afinavam. A gravidade do meu pai em tudo que falava e calava, era lhe contraposta. Considerava o tio Dito mundano em demasia. E ele achava meu pai muito circunspecto. Eu admirava os dois. Meu pai, porto seguro, Tio Dito, o espírito da aventura em movimento, a pôr à prova meu parco arsenal de esperanças de cair fora do resguardo familiar, com alguma segurança.

Guardei com carinho as cartas do Tio Dito, até o dia que procurei onde deveriam estar. Falei com a minha mãe que num rasgo de temor derivado da psicologia do rumor, sem me consultar, tinha queimado todas as cartas, as minhas e as dela. Antes, decerto influenciado por romances capa-e-espada, eu tinha sugerido enterrarmos as cartas – nosso tesouro particular - no fundo do quintal, acondicionadas de modo a não sofrerem nenhuma deterioração. Hoje, me esforço para lembrar os nomes com que ele subscrevia as cartas e os disfarces nominais do remetente. Eis parte do romance neurótico familiar. Antecipado do fato do meu avô materno ter perdido toda a herança da minha avó no carteado, jogando nos cassinos de Poços de Caldas, e negócios ruins.

Tio Dito aprendera russo, e eu me divertia ouvindo-o falar a língua, por vezes, somente palavras ditas para completar uma frase em português, como hoje fazemos utilizando palavras inglesas. Ouvi-lo cantar, em russo, canções emblemáticas, como "Tardes de Moscou", era muito engraçado. No mesmo passo, desancava o romance *Doutor Jivago*, de Boris Pasternak, de 1956, publicado em 1957, depois, adaptado para o filme homônimo, de 1965. Dizia que ambos compunham parte da contrarrevolução bancada pela CIA, no mundo todo. Compensava comentando os romances *Ermos e Gerais*, de Bernardo Élis, romancista goiano, e *Os Ratos*, de Dionélio Machado, romancista gaúcho, os dois do Partido Comunista. No Colégio, Drummond pintava como um poeta meio folclórico. Tio Dito disse que ele era de esquerda, para ler os poemas com redobrada atenção. Passei a venerar Drummond, depois por mim mesmo. Além de Graciliano Ramos, de quem estava lendo *Vidas Secas*, recomendou *São Bernardo.* Do Jorge Amado, eu tinha lido *Seara Vermelha*, ele indicou o *Cavaleiro da Esperança*, que nunca li.

Como lidar com notícias políticas virou um tema recorrente em minha casa, Tio Dito dizia que o único jornal confiável, naquele momento, era o *Jornal do Brasil.* Eu comprava para ele ler e comentar comigo. Pois, não é que eu tinha virado um tipo de interlocutor ouvinte, na falta de outro? Lembro-me que explicou a importância da eleição da velha raposa Israel Pinheiro ao governo de Minas, e de Negrão de Lima ao do Rio de Janeiro, atrasando um pouco o futuro sucesso reacionário da Arena, fundada em 1965, e da "milicagem". Em geral, suas análises políticas antecipavam fatos, que se confirmavam em curto tempo. Sabia ler os sinais da política.

Ele circulava bem entre *la finesse d'esprit* e a cultura popular. Passando de uma a outra num átimo. Gostava de contar piadas russas, como aquela da moça que veio, no ônibus, sentada no colo de um agrônomo... Porque na Rússia não havia moralismo de qualquer ordem. A defender a propalada camaradagem soviética. Piadas de tom político, como a do camponês Kruschev, que como Mao, traira sua classe social. Falava da história da Rússia, dos costumes, do mundo do trabalho, das diferenças culturais, das mulheres liberadas, das vantagens do socialismo sobre o capitalismo. Enfim, socialismo era o nome do futuro da humanidade. A Rússia parecia mais justa, humanizada, próxima. E Stálin, morto para sempre.

Eu estudava no Colégio Marista, no primeiro ano do curso científico. Conversamos longamente, ele perguntava o que estava estudando, via os livros. Interessou-se pelo de física, um calhamaço editado pela FTD, sobretudo por balística. No mesmo passo, me contava com fora estudar, sob o socialismo russo, sobremaneira o cumprimento dos planos quinquenais. Deu-me dois presentes inesquecíveis: uma abotoadura de âmbar, trazida da Rússia, e uma adaptação de *O Capital*, de Karl Marx, em português, cuja dedicatória e a página de rosto estão anexadas em páginas seguintes. Meu primeiro livro de Filosofia.

Havia um pacto em casa e na família de não falar da atuação dele no Brasil e fora, por um motivo óbvio: medo da repressão. Em Poços de Caldas, um monsenhor dedara aos órgãos da repressão oitenta comunistas. O 4º Exército, em uma blitz na cidade, identificou somente quatro: um professor, um comerciante, um sindicalista eletricitário, e uma senhora, que, se supunha, havia morado na URSS. O religioso apontara inimigos pessoais, inclusive maçons, como perigosos agentes da Cortina de Ferro na mais linda cidade balneária do Sul de Minas.

Ao final do ano de 1966, apareceu em casa a esposa do subdelegado de polícia, amiga da família, dizendo que ficara perigosa a presença do Tio Dito na cidade. No dia seguinte, ele foi embora.

Tio Dito esteve de volta a Poços, por uma ou duas semanas, durante o segundo semestre de 1968, se hospedando, novamente, em casa. Veio com a namorada goiana, de Ipameri. Analisou, detalhadamente, o mórbido espírito do tempo, às margens da edição do Ato Institucional n. 5, cujo fim político era e é, profusamente, conhecido. Foi a última vez que nos vimos. Pensei em entrevistá-lo, futuramente, para escrever a sua biografia. Afinal, era uma das pessoas mais interessante da família. A minha agitação juvenil, na contramão das noites brancas de Minas, adiou o sonho, várias vezes a caminho de concretizar-se. Até que morreu emboscado em 1977, em Londrina, como consta dos autos de justiça.

Todos os companheiros do Tio Dito, de estada "acadêmica" na Rússia, foram perseguidos e mortos. Restava somente ele. Como se lerá adiante, Elson Costa, dirigente nacional do Partido Comunista, desapareceu em janeiro de 1975. Toda cúpula do Partido Comunista, após o domínio da situação na Guerrilha do Araguaia, foi brutalmente morta. Por certo, Elson e Benedito se conheceram em algum momento da luta política conjunta, no Brasil. Eu e a Maria Helena temos firmada essa possibilidade, por vários motivos. Além do que o Elson também esteve em Moscou, mas ainda não conseguimos localizar a época exata, se coincidente com a estada do Benedito.

O disparar do que fazer a respeito, começou com a participação efetiva da Maria Helena, na Comissão da Verdade Estadual e da Nacional dos Desaparecidos Políticos, a primeira organizada pelo deputado Adriano Diogo. A participação contou com a presença dos estudantes do Grupo de Estudos Filosofia Política Contemporânea da PUC-SP, tanto na Comissão como na organização de três eventos na Universidade. O primeiro para o lançamento do documentário "Marca d'Água", dirigido por Sílvio Mielli, dedicado a Elson Costa. Dois outros, para debater aspectos jurídico-políticos da situação dos desaparecidos políticos, seguido da projeção de documentários produzidos por familiares, para perpetuação da memória dos desaparecidos políticos.

Penso no Tio Dito com alegria e tristeza. Alegria pela energia utópica contagiante, mais que verdadeira, interiorizada, de raiz. O mundo podia ser muito melhor, foi seu primitivo crédito materialista. Tristeza pela morte prematura e forjada, - da parte de quem? A quem interessava? A dúvida se mantém, quarenta e dois anos após. Como era um homem forte, corajoso, que sabia manejar todas as armas, dominava, praticamente, todas as lutas de defesa pessoal, como pôde ser assinado por um sujeito fracote? Uma questão de biologia e de física de difícil compreensão. Esfaqueado pelas costas, em frente à sua casa, à noite, atrás de uma árvore, em Londrina, Paraná. Provavelmente, resultado de uma emboscada. Os autos são formais. O nosso advogado, filho de uma prima irmã da minha mãe, compareceu ao foro da cidade para ver os autos do processo e conversar com um juiz. Voltou dizendo que a coisa era mais complexa do que podia parecer. Mais não disse.

Nosso advogado fora presidente da Arena, em Botelhos. Pessoa expedita, falastrona, prestara serviço militar na PE de Juiz de Fora, admirador do Marcelo Caetano. Corria o ano de 1977, a ditadura dava sinais de decaimento, sobremaneira, pela ladeira abaixo da economia. Praticamente, segundo o advogado, não havia o que fazer para além da formalidade de um julgamento ocorrido, com brandura de julgamento para o assassino. Tio Dito não é um desaparecido político. É um cidadão brasileiro assassinado sob suspeição de outro fim, que não a aparente passionalidade do criminoso em ação. Se vivo, completaria 94 anos no dia 25 de setembro deste ano. Há cinquenta e dois anos foi assassinado, aos 14 de novembro de 1977.

– Que falta fizeram. Que falta fazem, Elson e Benedito!

O recurso da canção, em epígrafe, consola as irrecuperáveis perdas político-afetivas, ressalvada a rememoração dos tios queridos:

"Vida sem utopia
Não entendo que exista
Assim fala um comunista"

Sampa, 25 de setembro de 2019.

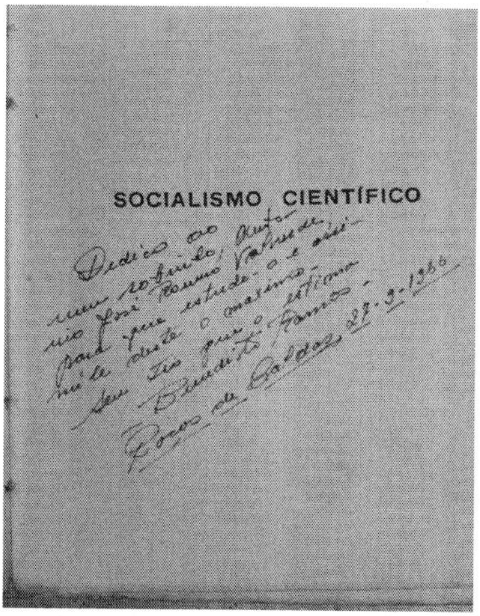

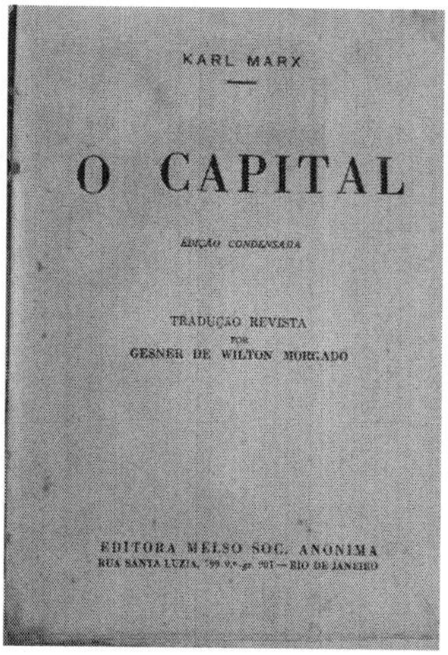

História

José Miguel Wisnik[1]

Tomava café da manhã num bar no bairro de Santo Amaro, em São Paulo, quando fui abordado por um grupo de homens silenciosos. Não tive maior dificuldade para saber o que representavam, embora não adivinhasse a extensão do que fariam. Meus conhecidos em volta, frequentadores do bar, como eu, estranharam a cena, mas não acenei para eles. Sem maior estardalhaço, dado que sou um homem desarmado, fui levado a entrar no carro. Eles me queriam num lugar não muito distante, mas fora da cidade, num sítio em Itapevi.

Não é a primeira vez que sou conduzido para lugares apartados do mundo comum. Ao longo da vida já fui interpelado em xadrezes e xilindrós, delegacias e quartéis, onde me demorei tempos, às vezes anos. Eles querem saber coisas de mim, e de outros através de mim, e usam instrumentos de pressão. Conheci os métodos, as práticas e os estilos de interrogatório forçado em diferentes momentos do país, e em segredo me orgulho de suportá-los. Eles apertam e eu aguento. Depois saio e continuo meu trabalho. Mas nunca tinha sido trazido para essa espécie de hotel fazenda voltado a uma dimensão mais intestina dos interrogatórios.

---

1 Sobrinho e afilhado de Elson Costa

Faço parte do Partido Comunista Brasileiro desde que me entendo por adulto. E de uma família numerosa do Triângulo Mineiro, cuja mãe gerou 24 filhos. Gosto da humanidade. Minha irmã caçula nunca esquecerá a noite em que me converti ao socialismo durante o diálogo febril com um companheiro, numa sala de casa, que ela entreouviu sobressaltada, percebendo, mesmo sem entender, que ali a minha vida tomava um rumo grandemente inesperado. Casei-me com Aglaé, doce e decidida companheira, que não saberá agora onde estou. Não tive filhos, e luto para que o legado humano não seja o da miséria.

Isso tudo que me acompanha como a luz, a nuvem e a sombra benigna que já entranhou a alma, não é o que eles querem saber. Aqui, onde acabamos de chegar, cavou-se um poço sangrento e mais obscuro, sobre o qual eles desejarão que paire a sombra eterna. Sabemos que dentro em pouco começarão os trabalhos. Trabalho que eles já tiveram com os que escolheram a luta armada contra a sua grande máquina. Vencidos estes na força desigual, agora é a vez dos que buscam mudanças sem derramamento de sangue, ameaçando a ditadura com qualquer coisa que abra nela rachaduras democráticas, como nós. Estamos em 1975. Com meus companheiros de direção do Partido, estamos sendo varridos pela operação que chamam de Radar. Mas poderia ser chamada também de Operação Extermínio, que é o que começa a intuir a minha carne. Nas tratativas da tortura, batalha sem vencedor, não há muita negociação.

Sei, com sobriedade, que me acostumei a fazer do meu corpo o tira-teima da minha crença: ninguém se aproveitará dele para me voltar contra mim mesmo e contra os meus. Mas, e também meu corpo é quem percebe, esses homens não querem mais se submeter a antigos limites: insuflados pelas conquistas da treva, levados por um delírio de grandeza e de pequenez, lançam-se a desventrar o Bojador, a dobrar o Cabo das Tormentas Alheias e a circum-navegar a Morte.

Um sargento do DOI-CODI, Marival Chaves, estará, daqui a anos, em melhores condições do que eu para descrever o que se passa: segundo relatará, fui interrogado durante vinte dias e submetido a "todo tipo de tortura e barbaridade", meu corpo foi queimado vivo, banharam-no em álcool e tocaram fogo, recebendo ainda, depois disso, o benefício de uma injeção para matar cavalos de 500 quilos. Os corpos de todos os que se submeteram a tratamento semelhante na famigerada Casa de Itapevi, com requintadas variações a cada caso, relatadas pelo sargento, foram atados a pedaços de concreto e jogados no Rio Avaré.

As instituições envolvidas na história, incluídas no relatório da Comissão Nacional da Verdade, que arrolará nomes de responsáveis, se negarão tanto a reconhecer os fatos como a esclarecê-los, abrindo seus arquivos. Mas então, pergunto, onde estarei eu, e os outros desaparecidos que são eu, como eu? Não quererão os agentes da tortura e da morte, modestos, reconhecerem seus feitos heroicos? Acreditarão por acaso que é infeliz o país que precisa de heróis? Ou se sentirão humilhados, com suas ralas duas centenas de desaparecidos, perante os militares argentinos, que foram a julgamento por suas dezenas de milhares?

Não sei o que eu mesmo pensaria do então para mim impensável, o futuro fim da União Soviética. Como parte de um partido dividido entre prestistas e anti-prestistas, infiltrado por agentes inimigos e contaminado pelo clima de suspeita, eu estarei talvez no último estágio de uma nave descolada da base. Mas a tragédia da vida não valerá nada diante da doçura só de uns olhos, como os de Aglaé, que pronunciará ainda, com integridade, a palavra *povo*, para meu sobrinho e minha sobrinha, a quem entregará minhas fotos e se permitirá morrer, um dia depois disso e de meu aniversário de 100 anos, em 2013.

O rio em que vivo não é o do esquecimento. Meu nome, e agora quem diz é meu afilhado, é Elson Costa.

São Paulo, 2019

Com Aglaé em 1968.

Para nunca esquecer

Maria Helena Soares de Souza[1]

Em um sábado à noite, dia 17 de novembro de 1992, meu pai me telefonou, muito animado:

– *Guerrilheiros do Bexiga, sua mãe e eu demos uma entrevista para a revista Veja a respeito do Mané*[2].

– *Por que, pai? Alguma novidade?*

– *Não sei direito. Parece que um militar resolveu abrir a boca e, como o seu tio é um dos desaparecidos mais envolvidos em silêncio, vieram buscar dados familiares da época do desaparecimento. Compre a revista, leia e me telefone.*

E foi o que fiz. Meu pai estava quase cego e teria dificuldade para ler, com certa rapidez, o que saiu publicado. Revista na mão, li como meu pai, também quase cega, mas de dor, o que nunca ousaríamos pensar a respeito do desaparecimento de Elson Costa, o tio Mané – codinome de foragido político - irmão da minha mãe, nosso herói na adolescência.

Sua foto na revista não conta como eram os seus olhos azuis, sempre valorizados por camisas da mesma cor, rosto bonito, feições serenas. Possuía a terrível dicção fami-

---

1 Sobrinha de Elson Costa.

2 Manuel Gomes de Souza era o codinome de Elson Costa. Manuel Gomes, nome do marido de sua irmã Maria, e Souza era o sobrenome de sua esposa e de seu cunhado, marido de sua irmã Zailda.

liar, que mesmo embolada não conseguia abafar o discurso claro, muitas vezes inflamado, idealista e considerado ingênuo por nós, porque ele era dirigente do *"Pecezão"* – do Comitê Central do Partido Comunista Brasileiro – e militante desde os 17 anos. Nem as torturas pelas quais tantas vezes passara, sem marcas visíveis e nunca relatadas, eram temas de conversa para ele. Justificava:

– *Falar sobre tortura não acrescenta nada. Precisamos de consciência, conhecimento e não de heroísmos. Da memória, da história. O indivíduo olha para frente, para seus pares e os que virão a ser.*

E nós ouvíamos isso, carregados de amor por ele, mas com a prepotência da juventude, pensando: "Melhor seria não estar no *"Pecezão"*, que é burro, pouco revolucionário, cego. Já fez até acordo com o Ademar de Barros, como aceitar uma coisa assim? Creio nos meus amigos do curso de Física, assaltantes de bancos, guerrilheiros. Isso sim é revolução".

Ele viveu dos 17 anos aos 61 na clandestinidade, com tia Aglaé, que havia sido filha de Maria e passou a fazer discursos comunistas em fazendas e portas de fábrica. *La Passionária* mineira – como a chamávamos de brincadeira -, olhos grandes, riso aberto. Em 1969 tive um convívio bastante estreito com ela, que se abrigou durante quase um ano em minha casa, em Niterói, por conta de mais uma das prisões do Mané. Vi o que pode ser uma parceria afetiva, na mulher que optou por não ter filhos e pouca convivência com a família, apostando no parceiro e na mudança do país. Aprendi também como eles haviam se transformado em pessoas tão instruídas: passada a fase da tortura, os presos políticos organizavam-se, estudavam e ensinavam tudo o que sabiam aos outros presos. Direito, economia, política, filosofia, literatura, medicina, psicologia e o que mais surgisse para ler. Decoravam livros como em Fahrenheit 451 para não esquecê-lo e transmiti-los, se não os tivessem nas mãos. Tia Aglaé fazia a mesma coisa com os jornais, levando junto com doces e afeto, na única visita semanal. O mundo de fora, decorado letra a letra, para a notícia ser a mais próxima possível do real. Tarefa árdua, executada com prazer, na espera ativa. Sem queixas.

Depois que tio Mané saiu da prisão, em 1971, encontramo-nos com ele algumas vezes, o laço meu com os dois ficara mais forte. Tínhamos conversas afetuosas e provocativas:

– *Casei com a Aglaé por causa dos joelhos dela. São lindos. Mulheres com joelhos redondos são boas de cama.*

E ria, escandalosamente, do embaraço causado.

– *Não me fale em revolução, sua burguesinha. Você só a fez em passeatas, não sabe o que é ser mesmo um revolucionário. Eu sei. Sou dela em tempo integral. Aprenda a pensar. Seja revolucionária criando filhos que saibam ver.*

E beijava meu primeiro bebê. "Pito" e mel, muito mel.

Não consegui isso, tio Mané. Os meus filhos não são reacionários, têm até uma pontinha de esquerda, mas são cegos para muita coisa. Como eu, que não vi o quanto a sua revolução era real e perigosa para a Ditadura. Acreditaram nisso e o executaram.

Quase nebuloso, como em pesadelo em branco e preto, lembro seu último desaparecimento, em 15 de janeiro de 1975. A procura. Noites em hospitais, polícia, necrotérios. Sobrinhos desconsolados. Os anúncios no jornal que Rui Mesquita publicou, de graça, contando o seu desaparecimento. Apenas pediu para dizermos que eram pagos. Telefone grampeado, a família vivendo sob contínua pressão. O pessoal do DOPS na casa da minha mãe, abrindo a porta a pontapés. Lembranças que não brilham como a de um almoço em minha casa:

– *Copos de vinho tinto e bacalhau. Revolução é isso: o melhor, não o mínimo, para todos. Um comunista ama a vida porque ama as pessoas, ouve suas músicas, dança com elas. Ama também azeitona sem caroço. Você cozinha bem mesmo, ou já é meio comunista?*

Pode alguém assim ser torturado e assassinado? Tio Mané era contra a violência. Sua execução já estava resolvida. Um tiro, então, não a barbárie do fogo, se é que o relato sabido é verdadeiro. Há controvérsias sobre o seu fim anunciado pelo ex-sargento Marival.

Pela voz do meu tio: *Não importa se passei por tortura. O que importa é a vida humana, o direito de viver bem. Não posso aceitar que o preço a ser pago é ceifar vidas humanas. Amo as pessoas e também a vida.*

Assisti a minha mãe dando uma entrevista na televisão. Ela estava em paz, foi o que disse. Acabou a espera. Não precisava mais olhar o rosto de todos os mendigos idosos, nem visitar asilos ou hospitais psiquiátrico de pobres, considerados loucos, para tirá-lo de lá e cuidar dele. Nem rezar todas as noites para que ele voltasse, ou que tivesse fugido para outro país, mesmo sem levar a sua leal companheira. Ela exprimiu claramente a sua dor ao dizer ao repórter "sempre tive um pouco de esperança que ele reaparecesse, mas depois de tantos anos é triste parar de acreditar nisso." Para mim, na época, nenhuma compreensão da dimensão do fato, do tempo, do ato, da história.

Proximamente, em tempos de Comissão da Verdade, assisti a um pedaço da entrevista dada pelo coronel Ustra[3] e também pelo sargento Marival.[4] Foi um soco no peito ouvir a voz de quem só conhecia por fotos e lembrar-me de seus relatos. Ele estava lá, no meio dos torturados, se é que assistiu mesmo ao que relatou! Mas, se assistiu, foi conivente. Não adianta se beneficiar do papel de delator de crimes.

Ainda não sei ver direito, tio Mané. Sou apenas uma sobrinha. Com muito ódio pelo que passou e muito amor por você. Quisera não ter vivido aquele dia. Que bom foi ter convivido com você.

Quando o vi pela primeira vez – lembrança enevoada da infância, contemplei um homem alto, magro, vestido com calça clara e camisa azul. Pensei que seus olhos fossem parte da camisa, ou a camisa parte deles. Era o homem mais bonito que conhecia. Fiquei atrás da minha mãe olhando e sentindo a alegria que a sua presença trouxe a todos. Depois disso, sempre associei a Elson Costa a beleza e a bondade. Ninguém traz tanta alegria se não for bom. Ele tinha dois irmãos igualmente belos, mas o que vinha dele era maior que a beleza de todos. Tio Elson sempre carregou um encantamento indizível e indefinível.

---

3 Carlos Brilhante Ustra chefiou o DOI-CODI entre 1970 e 1974. Entre 70 e 75, os presos mortos no DOI-CODI em São Paulo foram 50. Ustra, foi ouvido em 11/05/2013 na sessão da Comissão da Verdade, mas não teve coragem de assumir as torturas por ele comandadas.

4 Marival Dias Chaves do Canto em 18/11/1992, ex-sargento e ex-agente dos órgãos de informação do Exército, que relatou terríveis fatos sobre a barbárie dos porões da ditadura.

Quando cresci um pouco, as lembranças são de uma pessoa atenta, que sempre fazia perguntas e mostrava interesse pelas respostas. Os adultos não conversavam muito com as crianças, mas ele sim, recheando os comentários com doçura e risos. Mais tarde, tivemos conversas sobre política, indicações de leituras e comentários irônicos sobre a realidade brasileira e a reconhecível esquerda festiva em mim. Elson Costa pacifista, idealista... jamais culpava pessoa alguma por momentos terríveis de prisões e torturas pelas quais passara. Sempre dizia que falar sob tortura não era delação, mas uma fuga da dor incontrolável. Dizia que aguentou as que sofreu, tinha orgulho disso, não vaidade. Uma resistência maior à dor, talvez?

Quando ouvi, pela primeira vez, a música Sinhá, de Chico Buarque e João Bosco, tive também uma reação de dor profunda pela menção à tortura, vindos de um torturador de olhos azuis. Hoje sonhei com isso e identifiquei o fato: meu tio, "de olhos tão azuis", sofreu tortura da sombria ditadura.

Em um país onde há tortura, "ninguém, ninguém é cidadão".

São Paulo, maio de 2019.

Elson e Aglaé.

Fernando Santa Cruz

Onde está meu filho? Grito de uma mãe que a ditadura não fez calar

Relato de Marcelo Santa Cruz[1]

É impossível expressar em um texto, a memória armazenada e o sentimento de afetividade que um familiar é possuído quando ocorre o "desaparecimento político", eufemismo de assassinado sob torturas. O "desaparecido" é aquela pessoa querida, arrancada de sua família e do mundo. Mediante sequestro e assassinado sob tortura, ocultado o cadáver e a sua morte não é anunciada. Fica inconcluso o círculo da vida, o desaparecido não morre, permanece vivo na memória de seus familiares e amigos da causa pela qual sua vida foi sacrificada. Encontra-se sempre presente nas lutas por justiça, paz e liberdade, contra as injustiças sociais e as desigualdades de toda ordem e natureza.

Somos de uma família marcada pela repressão da ditadura civil militar, implantada no país no dia 1º de abril de 1964. Provamos do sofrimento decorrente de minha expulsão da Faculdade de Direito da UFPE, pelo Decreto Lei 477/69, proibido de estudar em qualquer estabelecimento de ensino pelo período de três anos e do exilio. Minha

1 Irmão de Fernando Santa Cruz.

irmã Rosalina submetida ao sequestro, prisão ilegal e ao martírio de inomináveis sessões de torturas, tendo permanecido privada de liberdade pelo período de 01 (hum) ano e sua demissão do emprego no Banco Nacional de Habitação (BNH).

Podemos afirmar que o lado mais perverso e bestial da repressão, é sem dúvida o "desaparecimento". Essa certeza constatada quando do sequestro e assassinato de meu irmão Fernando Santa Cruz, quinto filho do médico sanitarista Lincoln e Elzita, mulher guerreira e de luta, constituíram uma prole numerosa de seis mulheres e quatro homens. Fernando, sequestrado no Rio de Janeiro, em 23/02/1974, junto com o seu amigo Eduardo Collier Filho. Era casado, tinha 26 anos, 1 (hum) filho Felipe Santa Cruz (a época com dois anos), hoje Presidente do Conselho Federal da Ordem dos Advogados do Brasil. Fernando, acadêmico do curso de direito da Universidade Federal Fluminense, havia trancado a matrícula, tinha sido selecionado e estava trabalhando no Departamento de Águas E Energia Elétrica do Estado de São Paulo. Militante político da Ação Popular Marxista Leninista (APML), organização que se insurgia contra o estado repressor e a favor da democracia e do socialismo.

Passados 45 anos de seu sequestro e desaparecimento, Fernando não mais pertence aos seus familiares, faz parte do patrimônio de lutas do povo brasileiro por justiça, liberdade, contra qualquer forma de discriminação e preconceitos, de qualquer natureza. Por fim, Fernando, era uma figura humana mais completa que convivi, afetuosa, leal, amiga, solidária nas horas de bonanças e dificuldades.

É oportuno ressaltar que faço parte de um grupo de familiares de assassinados sob torturas, denominados "desaparecidos políticos", reunidos periodicamente em encontros humanitários, organizados sob o patrocínio da Cruz Vermelha Internacional. Permanece sempre presente através dessas novas gerações, formadas de filhos (as) irmãos (ãs), netos (as), sobrinhos (as), novos amigos (as) e companheiros (as) que substituem aqueles familiares e amigos (as) que não mais estão neste mundo, decorrência natural da transitoriedade da vida. Assim, haverá sempre alguém para cobrar a verdade desnudada, preservar suas memórias e fazer justiça em relação aos desaparecidos, os mortos sem sepultura. Recorro para expressar todo o meu sentimento de memória, verdade, justiça e afetividade, fazendo nos versos recitados muitas vezes pela minha querida mãe, Elzita Santa Cruz (atualmente com 105 anos), clamava sem obter resposta:

ONDE ESTÁ MEU FILHO?

Hei de vê-lo voltar ela dizia;
Meu doce consolo, meu filhinho;
Passam os anos, o véu do esquecimento;
Baixando sobre as coisas tudo apaga;
Menos da mãe o triste isolamento;
A saudade que o coração lhe esmaga.

Olinda, 22 de Abril de 2019
Marcelo Santa Cruz,
Irmão de Desaparecido Político Fernando Santa Cruz, Advogado e Militante dos Direitos Humanos.

Foto Priscilla Costa - Dona Zita, 98 anos, 38 na busca de seu filho Fernando Santa Cruz

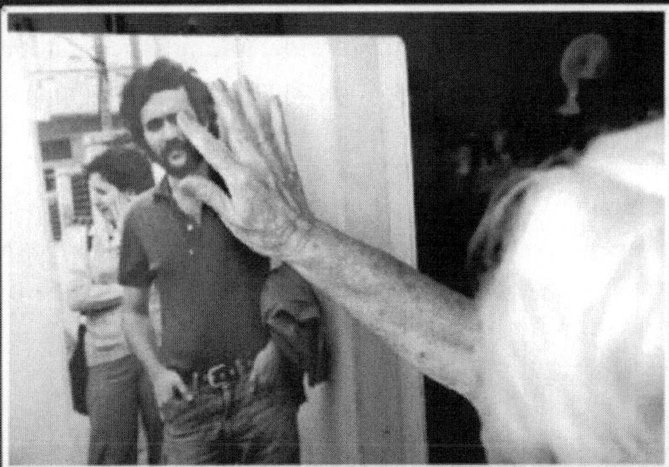

A Comissão da Verdade chega, embora tarde, muito bem vinda. Porque "na ditadura não há verdade, só mentira. A verdade só pode existir na democracia, porque é objeto da livre vontade das pessoas de dizer as coisas como realmente são" (Dilma Rousseff)

Uma dor que não cessa e uma ferida que não cicatriza

Maria Auxiliadora Santa Cruz[1]

Falo em uma dor que não cessa e em uma ferida que não cicatriza. Hannah Arendt diz que "toda dor pode ser suportada se sobre ela puder ser contada uma história". Falo do Desaparecimento Político de meu irmão, Fernando Santa Cruz, em fevereiro de 1974, ocorrido no Rio de Janeiro, no momento em que ele foi se encontrar com um companheiro de militância política, Eduardo Collier Filho. A dor de um familiar de desaparecido político, a dor que sinto ao contar uma história que ocorreu em 1974, é até hoje um sofrimento, pois parece que estamos vivendo os piores dias de nossas vidas.

Meu irmão Fernando era estudante de Direito, da UFF (Universidade Federal Fluminense), militante da Ação Popular (AP) também militei junto com meu marido, José Mário Coelho, na Ação Popular Marxista Leninista, APML. Na época morava em Recife, em 1975 resolvi fazer uma homenagem a Fernando. Fui censurada por homenagear meu irmão desaparecido, e tive que retirar o oferecimento da minha dissertação, sob pena de não defendê-la e até sofrer uma demissão branca como era chamada na época, foi muito difícil para mim suportar este tipo de opressão. Em

---

1 Irmã de Fernando Santa Cruz.

1979, o DCE da UFF recebeu o nome de "DCE Fernando Santa Cruz", em uma homenagem inesquecível.

Fui, também, professora da Universidade particular Santa Úrsula, e no dia em que jogaram uma bomba na OAB que explodiu nas mãos de Dona Lida, secretária do Presidente da OAB. Fui para o enterro de Dona Lida levando um cartaz com a foto de Fernando. No dia seguinte, fui chamada pelos três dirigentes que me indagaram o motivo de eu não ter dito quando fui entrevistada para o emprego sobre o meu parentesco com um desaparecido político. Respondi que eles não haviam me perguntado. Então me avisaram que estava na mira para ser demitida. Voltei a dar minhas aulas; mas não consegui ser conivente com aquilo, então denunciei o constrangimento que sofri em reunião do Departamento, e fui demitida pelos meus colegas na Congregação, por nove votos a sete.

O desaparecimento de Fernando deixou uma cicatriz muito forte em mim e em todos os meus irmãos, pois não tivemos o momento de chorarmos juntos, de enterrar o corpo de nosso irmão e até mesmo de nos despedirmos. Não vivenciamos o processo de luto pela perda de um ente querido.

Não só perdemos Fernando, mas também muitos amigos e companheiros como Rui Frazão, Rubens Paiva e Ramires Maranhão do Vale. Cada um reage de uma maneira diferente, nós somos dez irmãos muito unidos e politizados. Meu pai respondeu com muita tristeza e impotência diante do fato, diferente de minha mãe que não chorava como meu pai e estava sempre denunciando. Muito corajosa, foi à Brasília várias vezes, e até mesmo à Argentina, e lá se encontrou com as Mães da Praça de Maio, com um lencinho branco na cabeça e o livro *Onde está meu filho?*, em suas mãos, e teve a oportunidade e a coragem de denunciar o desaparecimento do filho na Argentina.

Minha mãe, Elzita Santa Cruz, foi uma das candidatas ao Prêmio Nobel da Paz, uma candidatura de 1000 Mulheres do Mundo e 56 do Brasil. Recebeu várias homenagens e medalhas, uma delas a medalha Chico Mendes. Esteve com o presidente Lula no lançamento do livro-documento, Marcas da Memória, da Comissão de Anistia, e durante a sua fala se emocionou e foi abraçada pelo presidente Lula que quebrou o protocolo da solenidade. A então ministra Dilma Rousseff, que também sofreu muito durante a ditadura militar, estava sentada junto com os demais ministros e não conteve suas lágrimas.

Minha mãe faleceu em junho deste ano, com 105 anos, sem perdoar o que fizeram com seu filho e lutando até o fim de sua vida pela punição dos responsáveis pela tortura, morte e desaparecidos forçados. São muitos retrocessos ocorridos em 2019, mas ao tentar destruir a imagem de Fernando e a Memória de nossa família, o atual presidente da República não imaginou que o tiro poderia sair pela culatra. Fernando até hoje é homenageado em todo o Brasil, simbolizando todos os desaparecidos políticos. Nós, familiares, não perdoamos e lutamos pelo direito à Memória, Verdade e Justiça; para que nunca mais aconteça. Pela Paz e pela Vida! Tortura Nunca Mais!

Maria Auxiliadora Santa Cruz Coelho
Novembro de 2019

Dona Elzita com a foto de Fernando.

Conhecer é um direito, denunciar é um dever ético

Dedicado ao meu irmão Fernando Santa Cruz – Desaparecido político/1974.

Texto de Rosalina de Santa Cruz Leite[2]

Conhecer a verdade histórica sobre o que se passou no Brasil no período da ditadura civil e militar (1964-1985) é um direito de todo brasileiro e, é um dever de todos que sofreram a violência desde período, contar nossa história para que ela exista, para que ela não caia no esquecimento, para que não prevaleça a versão dos repressores, para que não continue a acontecer.

Nossa família foi profundamente atingida por essa repressão política. Entretanto, com a minha prisão, as torturas, a expulsão do meu irmão Marcelo Santa Cruz da Universidade pelo Decreto 447 que expulsava da Universidade estudantes e professores que se organizavam ou protestavam contra a ditadura; e principalmente com a prisão e desaparecimento de Fernando a nossa família se recriou, ampliou-se tanto a consciência política de todos nós como a nossa união e solidariedade. E, especialmente, fortaleceu-se em cada um de nós o verdadeiro sentido de estar vivo, o sentimento de justiça e liberdade

2 Irmã de Fernando Santa Cruz

e uma generosidade maior diante da vida e, além de tudo isso, compreendemos o verdadeiro valor da solidariedade.

A busca para salvar Fernando da morte que foi sendo anunciada sem nunca ser assumida, começou no dia seguinte a sua prisão em 23/02/1974 e nos acompanha até hoje. Quando da nossa ida aos encontros da Cruz Vermelha Internacional (CVI), confesso que de início não tínhamos muitas esperanças que este grupo seria muito diferente dos muitos que já tínhamos participado nestes quarenta anos. Entretanto, a forma como se deu os encontros, com abordagens subjetivas e interativas, incorporando outros personagens – os netos e os filhos – nos levou a conhecer outros sentimentos, outras narrativas. Nesse processo coordenado pela equipe da CVI além da amizade e do afeto que foi unindo todo o grupo o que me mobilizou muito foram os encontros com os familiares de desaparecidos denominados de sociais, vítimas da violência do Estado, mas que não estavam lutando por uma causa política. Numa roda de mãos dadas nos sentimos juntos, solidários, unidos por uma mesma dor, uma mesma impotência. Compreendi por que os abolicionistas penais, dizem: "Todo preso é um preso político!"

Fernando era estudante de direito na UFF (Universidade Federal Fluminense) cujo Centro Acadêmico tem o seu nome e quando foi preso já era pai de um menino – Felipe – que tinha na época dois anos Felipe nasceu em abril de 1972 e eu estava presa nesta época na Vila Militar no Rio de Janeiro. Numa quarta-feira, dia de visitas, mesmo correndo risco Fernando apareceu com Felipe nos braços: "Rosa ele veio te visitar. Felipe é muito bonito e muito sabido" disse-me com muito orgulho e amor pelo seu "moleque".

A maior qualidade de Fernando, a meu ver, era a de ser capaz de lidar com as diferenças, continuar a respeitar e a amar seus companheiros, colegas e amigos mesmo aqueles que discordassem das posições que ele defendia, de aceitar muitas vezes o argumento do outro e rever suas posições. Ser alegre e generoso.

Na busca por Fernando não posso deixar de lembrar de D. Paulo Evaristo Arns. Conheci D. Paulo em 1974, pouco depois da prisão e do desaparecimento do meu irmão. Perdida em meio a pensamentos que me eram constantes nesse momento: minha prisão, os dias de tortura, as lembranças das companheiras de mais de um ano de convivência na prisão, o medo do que poderia está acontecendo com Fernando naquele momento, o que poderia vir a acontecer novamente comigo recebi um convite de uma mãe, como a minha, para ir a Cúria. Fui até Cúria para conhecer outras famílias como a minha que estavam começando a se reunir com D. Paulo. E, esse foi o começo para mim dos encontros entre aquelas mães, esposas, irmãs com D. Paulo, e que deu origem à primeira Comissão de Familiares de Mortos e Desaparecidos. Lembro, até hoje, dos nossos encontros, do sofrimento juntos e da força coletiva que nos transformou numa grande família. De D. Paulo, não posso esquecer-me do seu carinho, do seu abraço fraterno todas as tardes que chegávamos a Cúria. Muitas vezes fui ali apenas para chorar no seu ombro amigo, para ouvir suas palavras de conforto.

Quantas e quantas vezes fomos eu e outros familiares nos confortar com D. Paulo, não precisava marcar hora, era só chegar na Cúria, sentar, esperar um pouco e ele chegava com seu jeito calmo, sua voz mansa, nos abraçava e nos pedia, às vezes, para esperarmos um pouco mais, para encontrarmos depois e podermos falar, contar, denunciar pessoalmente. Ele estava sempre aberto a ouvir e a compartilhar nossa dor e nossa indignação.

Além de todas essas tardes de conforto abençoado, que era como um oásis nos nossos dias naqueles tempos sombrios, um episódio marcou a nossa convivência e é um dos testemunhos do compromisso de D. Paulo na busca dos desaparecidos políticos.

D. Paulo um dia nos disse que era realmente insuportável a nossa busca diante dos ouvidos surdos das autoridades e se prontificou a intermediar um encontro entre as famílias com o chefe do SNI, o todo poderoso general Golbery do Couto e Silva. Conseguiu a entrevista, fomos todos à Brasília – vinte e duas famílias – com seus segredos, suas histórias, sua imensa dor e todas com um grito preso na garganta "onde estão nossos entes queridos?". Por que tanta maldade se poderia julgá-los e condená-los, pois a LSN era diacrônica permitia penas altíssimas, então: Por quê assassiná-los às escondidas? Por que não deixar que soubéssemos das condições de suas prisões?

Chegando a Brasília soubemos que o encontro seria na CNBB e lá fomos sob a proteção e a força de D. Paulo. O general nos ouviu enquanto anotava todas as nossas questões, nossas pistas, como se não dominasse a " linha dura" das forças armadas que não aceitava a "distensão política" defendida por ele e pelo ditador de plantão, general Geisel. Quase um mês depois deste encontro, diante de nossas insistências e nossas súplicas, D. Paulo, mesmo sem resposta, continuava a insistir junto ao general por uma resposta, como não a conseguia foi pessoalmente a Brasília.

Nunca poderei esquecer o olhar indignado e solidário de D. Paulo quando me disse: "o general me recebeu ontem e disse-me, que eles não estão presos, estão foragidos. O Ministro da Justiça dará uma nota a nação, amanhã". Eu e D. Paulo sabíamos, a partir desta notícia, que nossos entes queridos estavam mortos. Comecei a chorar e D. Paulo, visivelmente abalado, completou "são vinte e dois cadáveres que a ditadura não reconhecerá. Aonde isto chegará?"

Ele muito lutou e muito nos apoiou no período que precedeu a promulgação da Lei pela Anistia e, posteriormente, a Anistia, na busca de desvendarmos o que realmente acontecera a nossos familiares.

Também não posso deixar de lembrar o orientador de minha dissertação de mestrado, Octavio Ianni, expulso da USP e acolhido aqui na PUC, além de outros professores queridos expulsos também, da USP e de outras universidades como Florestan Fernandes, Mauricio Tragtenberg, Paulo Freire, Bolívar Lamounier entre outros que a PUC acolheu.

Ao sair da cadeia em 1973 fui também acolhida pela PUC- SP onde iniciei meu mestrado em Ciências Sociais. Tenho como referência a profa. Carmem Junqueira coordenadora do curso de pós-graduação em Ciências Sociais da PUC SP, neste período.

Eram tempos sombrios, eram tempos de luta, lembrar é resistir.

São Paulo, 2019.

Fernando Santa Cruz.

Fernando.

Hiram de Lima Pereira

Linha do tempo

Hânya Pereira Rego[1]

Oi Pai! Já faz um tempo que não nos falamos... uns 43 anos parece... pois é, queria lhe contar umas coisas que se passaram comigo nesse tempinho longe, será que pode ser agora?

Eu terminei o ginásio, apesar de você sumir bem no começo da 7ª série. Engraçado é que foi o meu melhor ano escolar de todos os tempos. Nunca entendi como isso foi possível. Enfim. Também fiz o colégio e foi bem difícil, dependi de bolsa de estudos, pois mamãe não tinha como pagar. Foi um Frater da Ordem Rosacruz que, anonimamente, pagou os meus 3 anos de Colégio, incluído material escolar e uniforme. Pessoa incrível né? E como você sabe que D. Célia não ia sossegar enquanto não descobrisse quem era, quando ela conseguiu superar a barreira, eu o convidei para ser meu padrinho de formatura na Faculdade (afinal, sem um bom colégio eu não teria conseguido isso, não é mesmo?).

Ah, é claro. Fiz faculdade. De Direito (decidi no momento da inscrição na FUVEST e repeti a opção na PUC). Não passei na USP, mas fiz PUC. A vaga 101 dentre 360. Na PUC me senti "em casa", afinal tinha Dom Paulo Evaristo Arns, todo aquele envolvimento pró-democracia, e novamente, na base de bolsa de estudos. Verba parlamentar

1 Filha de Hiram de Lima Pereira.

que só chegava no 2º semestre, então eu tinha que pagar o 1º semestre, mas já estava trabalhando e consegui segurar a barra. Nos últimos 2 anos o Deputado não foi reeleito e eu obtive bolsa pela Fundação São Paulo, e 3 anos após formada eu paguei um ano para outro aluno estudar.

Viu como é cíclico? Fizeram por mim, eu fiz por alguém. Pois é. Depois veio a batalha por emprego, no começo teve que ser em Banco, no Sudameris, por intercessão de um grande amigo da PUC, o Thomaz Marianno. Católico romano até perder de vista, anticomunista, capitalista, mas meu amigo. Foi lá que garanti minha sobrevivência e o pagamento da bolsa da PUC. Antes eu trabalhei em alguns escritórios de advocacia e um deles era o escritório do PT, de Lula, nossa! Era muito movimentado por lá. Tinha "zilhões" de processos nas Juntas Militares por conta das greves, mas acabei saindo quando descobri que trabalhavam mais para as "estrelas" do Partido do que para os trabalhadores realmente necessitados. Tive um arranca rabo de abanar o dedo no nariz do advogado titular, cujo nome não vou dizer porque você sabe tudo aí onde está, não é mesmo?

Aí veio Samantha... a minha bruxinha, uma fada, que virou "Faduxa" e trouxe uma nova alegria de vida para mamãe. Afinal eu não era mais a menininha, e ela precisava de uma para se sentir viva e feliz. Depois de um tempo, Sacha me chamou pra Natal. Quem diria? Seu Estado e de mamãe. E aqui estou desde 1990, de mala e cuia e filha no braço (e claro que mamãe veio logo atrás). Sua terra me foi abençoada. Passei no concurso do TRE/RN, fiz minha independência, comprei casa, carro, ajudei mamãe e constituí família. Você ia se dar muito bem com seu genro...

fico imaginando as conversas e histórias entre vocês em uma mesa na sala....

Sim, depois veio o Pável (adivinha de onde veio o nome?), um neto de quem muito se orgulharia e teria muito que conversar (ou seria debater?), e claro, a Dinah, nossa pequena aprendiz de capitalista, que defende o avô a qualquer preço. E nesse meio tempo eu ainda fiz as defesas orais do processo para responsabilizar a União pelo que mamãe e nós sofremos em razão da perseguição do Estado a você. Acho que foi para isso que fiz Direito. Meu melhor e mais importante momento em toda carreira. Pena que também foi o momento pelo qual mamãe esperou, e logo depois ela foi ao seu encontro. Missão cumprida.

E depois de tudo isso, nesses últimos 4 anos, tenho participado dos encontros de familiares promovido pelo CICV, junto com seus netos! É algo que não tem preço, nem explicação. E é cíclico também: no passado outros se reuniram, agora somos nós.

Crescemos muito nesses encontros: enquanto pessoas, enquanto família. Família de sangue e família de saudades compartilhadas. Sua falta passou a ser a falta de todos os demais, e sua lembrança, hoje é dividida com muitos outros além de nós. Você está mais presente do que nunca, como se fosse outro dia a nossa última conversa, e não há 43 anos...

Sinto você mais perto, bem mais perto mesmo... será possível? Continuo acreditando e me dedicando a dar um encerramento correto à sua/nossa história. Até a próxima, Pai...

Natal, 2019

No Bairro de Casa Verde, Célia, Hânya e Hiram, em 1972, fazendo prateleiras para os muitos livros.

Rencontros sem o encontro...

Marcelo Pereira de Almeida Ferreira[1]

"Que seria dos prefácios
se não houvesse os posfácios?
Hiram, o padre Antônio de Ariano Suassuna.
Como se deu minha renúncia a Satanás.
Um comunista fabricado pela política.
Louvação a Hiram de Lima Pereira"
(Paulo Cavalcante)

Não há encontros reais com meu avô Hiram de Lima Pereira. Nada além do que a memória de uma infância muito distante, em um pequeno jogo de "rega, rega, regador. Rega a barba do vovô", consegue ainda manter em registro.

A história de seu desaparecimento, envolvido em versões singulares à cada membro da família, se completou com a quase ausência de histórias contadas dentro de casa. Um pouco sobre "Naquela mesa" aqui e uma foto sempre presente acolá. Em caminhos mais distantes, um quadro de Che e um violão Del Vecchio, ambos, passando a fazer parte de minha própria vida, na parede do meu quarto e minhas insistentes tentativas musicais. O quadro segue até hoje comigo, o mesmo não podendo dizer do violão. Ambos eram, pelo menos as histórias diziam, "presente de meu pai" e

1 Professor, militante do Partido Comunista Brasileiro e neto de Hiram de Lima Pereira.

que acolhi em minha própria história. Não menos presente neste identificar de peças e imagens, as primeiras obras que fui acolhendo: o lugar das canções de "Raices de América", a leitura de Paulo Cavalcante em "O Caso, eu conto como o caso foi: a luta clandestina" (seguido, aos poucos, de outras "literaturas de sebo" e as obras do movimento Tortura Nunca Mais), as poesias de minha vó Célia e os retratos que passei a confeccionar. Nele e em tantos outros, cada pedacinho da história do "velho" sempre iam me impressionando, como nos versos do soneto escrito para o mote "Geiras férteis de amor, florescendo desejos", para um concurso de poesia em Recife, no ano de 1952:

"Francamente, não vejo em que se possa ter
Mais respeito por homens sem mentalidade,
Pobres homens, que apenas contam pra viver
Com as migalhas dos ricos...Que infelicidade!
Recusar-se um homem a ver toda a maldade,
E negar, ou calar, ou não ouvir e ser /

Instrumento daquele, cuja iniquidade,
Faz da guerra e da morte o seu maior prazer.
Mas, em vão eles tentam sabotar a luta,
Pois o povo que enfrenta a colossal disputa,
Justiçando os covardes, sem perder ensejos,
Quer é paz, liberdade, terra que dê Pão
E quer ter Pátria livre e soberana, e não,
Geiras férteis de amor, florescendo desejos"

Destes caminhos, em seu todo, a veia crítica talvez. Daquela "crítica militante", de se inquietar com as injustiças de um mundo cada vez mais endoidecido pelas sanhas e artimanhas do Capital. E, não poderia ser de outro modo, caminhos que me levaram ao mesmo Partido Político (o Partido Comunista Brasileiro, PCB) de onde muito ele atuou e, paralelo a esses caminhos de militância partidária, o chão de trabalhador da educação (como professor tanto da Educação Básica e, atualmente, do Ensino Superior) e a militância sindical. E nestes, as tantas e singulares reflexões e sínteses construídas no Universal Circo Crítico[2] (algo que certamente ele, em vida, iria curtir).

Ao conhecer a história de Lídice[3], que secundou o nome de minha tia Sacha, e, mais tarde, ao saber da produção de um filme sobre essa história, meu movimento inconteste e certeiro junto ao Consulado da Tchecoslováquia no Brasil, apresentando-me como professor universitário, neto de Hiram e conhecedor (por dentro da família) da história de Lídice e a minha intenção de divulgá-la o máximo possível. Semanas depois, a resposta positiva e o envio do filme.

Posteriormente, a aproximação às atividades desenvolvidas pelo Comitê Internacional da Cruz Vermelha, que vem cuidando do acolhimento de familiares de mortos e desaparecidos políticos da Ditadura Militar brasileira e para acompanharmos o desenvolvimento dos trabalhos do GT Perus (a famosa cova clandestina no cemitério de Perus, entorno de São Paulo e que já identificou ossadas

2 www.ouniversalcircocritico.blogspot.com é um blog que possuo há alguns anos e que, em muitas oportunidades, pude escrever sobre meu avô.

3 Pequena cidade da antiga Tchecoslováquia, destruída pelo nazismo e liberta pelo exército vermelho.

de desaparecidos políticos) e, nesta aproximação, conhecer pessoas de tantas outras famílias e duras histórias.

Foram, são e continuarão sendo "reencontros sem o encontro" com meu avô e, nestes contraditórios caminhos, a sempre presença dele: no retrato em casa, no violão Del Vecchio (e as canções nele compostas), no quadro de Che, nos livros e discos, nos caminhos de militância estudantil e partidária, no meu trabalho e estudos em tempos atuais... nos muitos "outros encontros", meu reencontro com meu avô foi com sua ausência física e com uma presença infinita. Reencontrei meu avô tantas vezes e em situações tão singulares que mal caberiam em uma pequena-imensa obra como essa que estamos construindo.

E de tudo que a cada "reencontro" este homem de horizonte de humanidade infinito me proporcionou, alguma veia poética, alguma habilidade com a arte de "criar" e versões canções que puderam me ensinar uma lição ímpar e transformadora: ver em sua história a história de tantos e tantas que tombaram lutando por justiça. Meus encontros com meu avô me deram alguma poesia:

"Antonio's não se sabe onde estão...
João's nunca mais deram notícias...
José's não voltaram pra casa...
Paulo's, Pedro's, Luiz's e Luis's...
Maria's, onde estão...?

Era Adriano, era Aluísio, era Andre...
Ana Rosa, não se sabe...
Era Arildo, era Armando, era Aylton...
E de Áurea, também não se sabe...

Aonde?

Foi Bergson, foi Caiuby, e foi Celso...
Cilon, Ciro e Custódio também...
... e não voltaram ainda...
Brutal ausência, Cansativa espera...

Daniel's, David, Dênis e Dermeval...
Dinaelza, Dinalva, Divido e Durvalino...
Doces lembranças! Digam, onde estão!
E vocês que o sabem!

Edgard, Edmur, Eduardo...
Ou então Elmo, Elson ou Henrique...
Ezequias entre eles também...
Então, então... onde estão?

Félix, Fernando e Francisco...
Forte dor de suas ausências...
Gilberto e Guilherme, também...
Golpeados e também ausentes...

Heleni, Helenira, Hélio e Honestino...
Tantos quantos igual a Hiram...
Sejam Honestos, digam onde estão...

Idalício, Ieda, Ísis não mais os vemos...
E também Issami, Itair, Ivan...
Ignoramos seus paradeiros.
E vocês ignoram nossa dor.

Jaz no silêncio não apenas João's e José's...
Jaz também Jaimes e Jana...
Joaquim, Joaquinzão, Joel's e Jorge... sem Santo...

Kleber, solitário... até hoje, quem sabe?

Libertem a dor da ausência de Libero, Lourival e Lúcio...
Libertem a ausência de esperança de Luíza e Lúcia...

O que aconteceu com Manuel, Márcio, Marco e Marcos?
Mariano, Márcio, Maurício e Miguel voltarão?
Por que massacram nossos corações
com o silêncio de seus destinos?

Nada, Nada, Nada sabemos
de Nelson, Nestor e Norberto...
Nada o sabem também?

Onde, onde, onde estão...
Onofre, Orlando's e Onofre...

Rondo as horas por Ramires, Rodolfo, Rosalino...
Rubens, Ruy Carlos e Ruy Frazão...
Ruiu-se a esperança de novos encontros...

Se voltassem Sérgio, Stuart e Suely...
Silêncio de vocês, Saudades sempre presente...

Talvez saibam de Telma, Thomaz e Tobias...
Tombaram de pé na frente de vossas covardias?

Usurparam de nossa convivência Uirassu, Umberto e
Wilson...

Vitoriosos em sua história que eram
Vandique, Virgílio e Vitorino...
Wlakiria, Walter Ribeiro e Novaes...
Valeram-se de vossas pseudo-valentias para também
silenciarem-nos...

Não desapareceram apenas aqui...
Não desapareceram apenas vários brasis...

Hay desaparecidos em Chile...
Hay desaparecidos em Argentina...
Hay desaparecidos em Bolívia...

E hay muchos de danzam solos..."

Assim sigo... com a certeza de novos "reencontros sem o encontro", mas certo de sua presença!

Hiram de Lima Pereira! Presente!

Castanhal (PA), 2019

Poemas para meu pai

Nadja Pereira de Almeida Ferreira[1]

SORRISO DE SAUDADE

Quando o seu sorriso/
tão bonito
Enchia a sala
de guizos e de alegria/
A vida ficava tão linda/
Somente um sorriso existia

Toda a alegria, da vida,
Você trazia/
E a tristeza, partia/
Se você chegava/
E a vida ficava tão linda
Somente, um sorriso, existia.

Hoje, a ausência sofrida/
Minh'alma dorida
Ferida,... sem calma/
Só resta a tristeza/
Que invade a lembrança/
Daquele sorriso

---

1 Filha de Hiram de Lima Pereira.

E uma grande... saudade...

(Este poema foi musicalizado com "Sonho de Amor", autor desconhecido, tocado por Guilhermando Reis)

CANÇÃO DO VENTO

Meu dia hoje está triste
Tudo parece chorar
Não há luz onde havia
E a noite chegou sem luar

O vento chegou de mansinho
E não te encontrou no caminho
Pois teu perfume não veio

O pranto chegou de leve
E em silêncio, bem quietinho,
Se abrigou no meu ser.

Era uma vez

Sacha Lidice Pereira[1]

Ao anoitecer do segundo milênio, ao surgirem os primeiros raios de sol do terceiro milênio, o primeiro neto de Hiram de Lima Pereira torna-se pai do primeiro bisneto de Hiram de Lima Pereira.

Natal, 16 de fevereiro de 1999: Nasceu Vinícius

Muitas coisas e muito tempo foram vividos até que isso pudesse acontecer. Vou lhe contar, Vinícius.

Era uma vez, uma família com um pai, uma mãe e três filhas com sonhos – muitos – a realizar. Nosso pai sonhava com um mundo melhor, não apenas para ele e sua família, mas para toda humanidade. E, para realizar esse sonho, tudo aquilo que pudesse parecer sacrifício para as demais pessoas, para ele era o mínimo esforço que se precisava fazer em prol do futuro da humanidade, em favor da igualdade e da justiça social. Sim, ele tinha um profundo sentimento de fraternidade universal.

Durante as noites, em nossa casa, era comum reunirem-se amigos de todas as opiniões políticas e religiosas e de diferentes atividades profissionais. Políticos, poetas, colegas, jornalistas, atores, músicos, artistas plásticos, enfim, pessoas com sensibilidade aflorada.

---

1 Filha de Hiram de Lima Pereira.

Ali se ensaiavam peças teatrais, se tocava, se cantava, se dançava... contavam-se anedotas, havia muita conversa, muita poesia, muita música até altas horas.

Os que ainda vivem, e lá estiveram, muito devem ter para contar...

Esse era o ritmo da música que tocava.

Era assim, independente do que pudesse ter acontecido na hora convencionada para o almoço, por exemplo.

Sim, porque éramos uma família que sentava à mesa na hora de todas as refeições, mesmo quando não tinha alimento. Quero dizer, alimento convencional, comida propriamente dita. Mas sentávamos à mesa e tínhamos certeza: comida não tinha, mas o alimento para continuar acreditando em um mundo melhor ali estava.

E, poucas não foram as vezes em que, em momentos assim, a campainha tocava trazendo mais algum amigo, que também não tinha almoço para aquele dia. Depois daquele momento, que seria de refeição para qualquer família, voltávamos às nossas atividades.

Nos sábados, tínhamos aulas de música e ballet em casa.

Os dias sempre amanheciam com a mamãe sentada ao piano e era muito natural, para nós, despertarmos ao som de Mozart, Bach, Bethoven, Rachmaninof, Chopin e muitos cancioneiros da música popular brasileira.

O Pai, logo cedo, ouvia o noticiário pelo rádio, lia os jornais, formava sua opinião em relação à etapa em que se encontrava a sua luta e saía para dar mais um passo e avançar naquilo que acreditava ser irreversível, por mais retrocesso que pudesse haver. Ele costumava dizer:

"Ninguém poderá deter o progresso da humanidade. Por mais voltas que possam dar e por mais sofrimento que possam

impingir aos povos de todas as nações". E acrescentava: *"A História não anda pra trás, dá recuos estratégicos e depois avança. Mergulha para tomar fôlego"*.

E sua saída de casa, todos os dias, em nada se assemelhava ao trabalho de rotina para ganhar o pão de cada dia, comuns em outras famílias, aparentemente iguais. Eram atividades relacionadas à construção de um novo mundo, em relação às quais não se vinculava um salário, uma remuneração.

Nesse solo fértil de ideias e ideais, de poesia e melodia, de arte e cultura, de uma forte consciência de igualdade e justiça social, crescemos e é provável que pouco tenhamos compreendido sobre o porquê de sermos perseguidos, discriminados, e de tomarmos conhecimento de que companheiros e amigos do nosso pai, pessoas a quem admirávamos e sabíamos serem de boa conduta ética e moral, eram presos e torturados.

Afinal, ainda crianças, como compreender isso?

E o que ficaria gravado nas mentes daquelas meninas tão frágeis?

Saíram da infância, vieram a adolescência e a juventude. Vieram os namorados, os *flirts*, as quadrilhas de São João, os "assustados" (como eram chamadas as festinhas organizadas de surpresa, sem conhecimento do dono da casa).

E foi aí que a família ganhou um novo membro: outra menina (1961).

Ninguém poderia imaginar que, naquele momento em que aquela menina trazia novas esperanças e novos sonhos para seus pais, era chegado o último instante daquela rica convivência familiar. Para ela, ao contrário, estaria reservado um momento de total ausência de convívio. E aquela parte da história da família, tão facilmente compreendida pelos que a viveram, para aquela menina que chegava, poderia parecer uma total irrealidade. Como poderia ela acreditar que aqueles dias, dos quais falávamos, teriam realmente existido, se ela cresceria em um mundo totalmente vazio de tudo que transbordara no momento anterior a sua chegada?

E dias mais difíceis haveriam de chegar.

Naquele primeiro de abril de 1964, enquanto meu pai arrumava algumas roupas para sair de casa e nunca mais voltar, dizia para mim que, ao seu lado, paralisada, perplexa, calada, sequer imaginava que ele tinha razão em tudo que afirmava. Era como se já houvesse vivido tudo aquilo antes.

"Os fatos que estão acontecendo hoje vão atrasar a história em, no mínimo, 25 anos. É assim mesmo, um passo pra trás e dois pra frente. O capitalismo cria a cobra cujo veneno o destruirá. Não importa quando tempo passe. Minha filha, vamos demorar a nos ver outra vez. Eu tenho que ir. Serão 25 anos de silêncio, mas estaremos nos Subterrâneos na luta pela Liberdade. Não chore, a gente vai dar um jeito de se encontrar. Somos artistas. Vai ser difícil. Só um tempo. Ninguém jamais conseguiu frear a história. Ela é irreversível."

Lembro-me muito bem. Eu, ali parada, não acreditava que, realmente, os tempos seriam como ele dizia. Eu ali imóvel, confesso, não absorvia, integralmente, o que ouvia, mas...

E o que estaria acontecendo na cabeça de minhas irmãs? Como teria sido para cada uma delas aquele momento? Nunca ficamos sabendo, muito bem, uma da outra. Ali qualquer coisa se rompera e silenciara cada uma em seu novo mundo. Nada mais seria como antes. Nunca falamos sobre esse preciso momento. Foi como se cada uma girasse em torno de seu próprio eixo e, de costas, uma para as outras e para tudo aquilo que, até então, juntas, haviam vivido, observassem, com estranheza, o desabrochar do olhar solitário. Talvez tenha sido a primeira vez em que olhavam para lados opostos. Havia desaparecido o ponto de convergência. E, solitariamente, procuraram entender e incorporar aquela nova paisagem desértica, desconhecida.

E agora, o que fazer? Acho que não chegaram a nenhuma conclusão. Pararam suas almas ali, moveram os seus corpo e seguiram...

Natal, 20 de janeiro de 1999

DESIGUALDADE

Poucos,
São os donos da terra
Que com a indústria da guerra
Aperfeiçoam as máquinas
Das usinas de fazer açúcar

E eles –que matam – se fartam
De doces licores
Que lhes saciam a sede
Do ardor da meia-noite

Muitos,
São os donos do cansaço
Que com a força do braço
Acionam as máquinas
Das usinas de fazer açúcar

E esses – se escapam – se encharcam
De amargas garapas
Que lhes saciam a sede
Do ardor do meio-dia

De Sacha Lidice Pereira
Maceió, 31/10/86

SAUDADE

De repente veio a Tristeza...
Foi depressa e foi profunda
Fui ficando triste, triste
E agora sou triste.

Tudo isso depois
Que você foi embora.
Ficou um saudade tão grande...
Tão calada, tão guardada...
E ficou esse silencia
Como se tudo emudecesse...
Parasse, para esperar você voltar.

Mas essa tristeza
Não sai do meu coração

É uma saudade tão grande,
Tão calada... tão guardada...

Eu não queria que fosse assim.
Eu queria transformar

Toda tristeza dessa saudade
Na alegria e no orgulho
De ser sua filha.
De Sacha Lidice Pereira

São Paulo – Agosto/1975

Caleidoscópio de saudade

Zodja Pereira[1]

DIA DOS PAIS!

(14/08/2013)
"Ali você,
segurando minha mão
e todo medo indo embora!
Aqui eu
Fascinada ouvindo suas histórias!
Daquele lado você,
No palco, artista versátil,
Do ator ao mágico,
Brotando na minha alma
O sonho de ser artista!
Nesse ponto aqui,
A coragem do anti-herói,
sempre leal, ético, meu orgulho!
Veja aqui, aquela tarde,
Onde o amigo estava presente,
Ouvindo silente, meu crescimento!
Olha ele ali, agora,
Querendo chegar em segurança,
beijar o neto, matar a saudade!
Por fim, o vazio!

---

1 Filha de Hiram de Lima Pereira.

Roubaram VOCÊ, meu pai!
Só deixaram as várias faces da saudade! "

O GRANDE CIRCO
Zodja Pereira (12/02/2017)

Era uma vez, um divertido palhaço
que também se divertia
distraindo a criançada
com gestos cheios de magia
E que trazia nas mãos,
Sempre, por onde ia,
Um grande mastro, que dizia,
Era quem o conduzia!
Um dia (brincadeira do destino),
Conheceu uma bailarina
Que roubou seu coração!
Ao ver o grande mastro que o palhaço conduzia,
A pequena bailarina sonhou, que juntos
Um circo levantariam!
E com seus dedos mágicos,
Costurou a grande lona
Que o mastro sustentaria!
Depois do circo montado
Ela aprendeu o trapézio
Onde, com graça e beleza,
Arriscava-se todo o dia,
Com elegância e maestria!
E o circo acontecia,
Entre riscos e alegria,
Recebendo novos artistas

Nas noites de fantasia!
Numa longa noite de terror,
Um terrível furacão
Jogou o circo ao chão!
Todos fugiram... um horror!
A pequena bailarina ao ver a lona rasgada,
Entre os destroços do circo,
Procurou o seu amor
Que morrera abraçado ao seu mastro
Onde tudo começou.
Com a morte do seu palhaço,
o circo desmoronado,
a fuga da bicharada
e dos demais agregados,
a bailarina corajosa
que tantos riscos correra,
sem equilíbrio, caiu,
ao lado do seu amor.
A lona foi desfiando,
As lembranças se apagando...
Todos se foram...
Só o mastro restou!

São Paulo, 2019

Um sorriso inigualável, que a todos cativava. Uma saudade incurável, que não se apaga.

Irmãos de Laura Petit:
Lúcio Petit,
Maria Lúcia Petit ,
Jaime Petit

Memórias afetivas: meus três irmãos

Laura Petit da Silva[1]

Na minha memória até hoje, Maria Lúcia, Jaime e Lúcio permanecem eternamente jovens, dispostos a resistir e lutar... sonhando com a Revolução.

Memória... lembrar com afeto e dor, as alegrias do convívio e depois a tristeza das perdas, das vidas ceifadas em plena juventude e maturidade pela repressão à guerrilha do Araguaia, o cerco feroz da ditadura militar àqueles que ousaram resistir e lutar.

É preciso lembrar sempre, para não se apagar da História, aqueles três anos de repressão das Forças Armadas; as minhas perdas seguiram a cruel cronologia:

1972 – Maria Lúcia Petit da Silva aos 22 anos foi executada sumariamente em 16 de julho de 1972, durante o período do General Médici.

1973 – Jaime Petit da Silva, morto em 23 de dezembro de 1973, teve a cabeça decepada e levada para a Base Militar de São Raimundo.

1974 – Lúcio Petit da Silva, foi feito prisioneiro com mais dois companheiros; foi visto por camponeses na Base Militar de Bacaba e sendo levado de helicóptero para destino desconhecido em abril daquele ano; já era a fase do extermínio dos opositores à ditadura, sob as ordens do General Geisel, ironicamente conhecido pela "abertura política".

---

1 Irmã de Jaime, Lúcio e Maria Lúcia Petit.

A busca dos familiares pelos desaparecidos tem sido incansável, já eram passados 40 anos quando em novembro de 2010 a Corte Interamericana da OEA condenou o Brasil pela primeira vez pelas graves violações de Direitos Humanos e desaparecimentos forçados de opositores à ditadura militar. Até o momento, o Estado brasileiro não cumpriu a sentença da Corte Interamericana, que o obriga a entregar os corpos dos desaparecidos às famílias para sepultamento digno, investigar as circunstâncias dos seus desaparecimentos e os seus responsáveis, promover a Justiça.

Jaime Petit

Jaime, estudante de engenharia foi preso em 1968 no Congresso da UNE, em Ibiúna.

Foi submetido a Inquérito Policial-Militar, condenado a dois anos e meio de prisão e a partir daí passou a viver na clandestinidade.

Era muito alegre, carinhoso e comunicativo, especialmente com as crianças.

Sonhava ter filhos no futuro ..."depois da vitória da Revolução", como ele dizia.

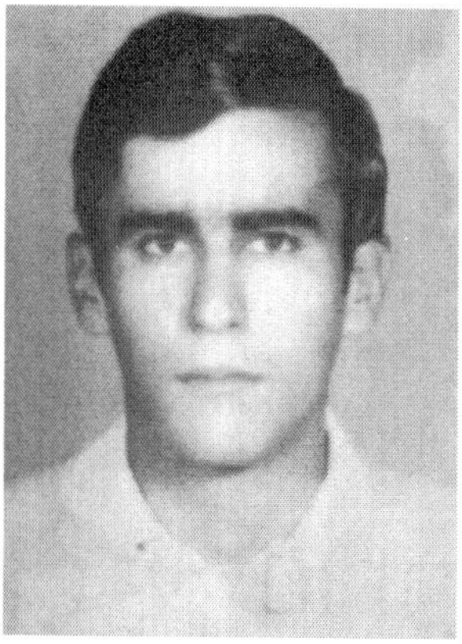

Jaime Petit.

Lúcio Petit

Lúcio, engenheiro eletrotécnico, gostava muito de literatura. Durante a faculdade escrevia crônicas e poesias par o jornal "O Dínamo" do Centro Acadêmico, em Itajubá, sul de Minas Gerais.

L. Petit aos 16 anos, em 1956.

Lúcio antes de ir para a região do Araguaia presenteou-me com este poema, escrito em 1966, no contexto da Guerra do Vietnã.

Recado à mãe americana

Sei que sofres
E por razões diversas, mas as mesmas
sofro também.
Por isso te escrevo desta américa
violentada e prostituída
à sombra dolorosa do Equador.

Americano da terra onde a verdade
tomba diariamente ensanguentada
por vis fuzis
onde a liberdade é uma palavra oca
e o pão, a nossa mentira de cada dia.
Americano das plagas sós e de
onde o grito de revolta tomba
contra o muro
e onde o sol e a vida não tem
horizontes
e onde rebrilham inúteis
lágrimas na escuridão.
Desta América onde a justiça trêmula
responde a processo criminal
eu te escrevo.
Americano maldito de terras férteis
e homens tristes feridos
em sua existência

eu te escrevo porque também
sofres.

Onde estão os inimigos de teu filho?
Preso num letreiro luminoso
da cidade gigante
teu olhar sai para procurar,
inutilmente procuras.
Onde estão os inimigos do teu filho?

No Vietnã
as tropas americanas
sofreram baixas de leves a moderadas
(teu filho)

Herói de era sem
heroísmo
onde a máquina co-responde
por muitos homens.
Onde estão os inimigos de teu filho?

Relembras bem a criança de ontem
brincando de cowboy
(não brincam assim os meninos americanos?)
Onde estão os inimigos da criança (teu filho)?

É hora de descanso agora
mas teu olhar se perdeu contigo
entre homens e edifícios.
O general abandona seus planos de guerra
e vai tomar um refrigerante

O operário deixa de fabricar
armas senta-se e olha a fumaça no céu.
As crianças deixam a escola
com a verdade no bolso.

Mas teu olhar gira e procura
teu olhar olha
o letreiro de neon
a fábrica de operários curvados
as manchetes, o jornal
as ruas pessoas sorrisos
prédios te envolvendo
Teu olhar desespera e olha
Gira o mundo sobre rodas
Teu olhar gira submisso já
Onde estão os inimigos do morto teu filho?

Maria Lúcia Petit

Maria Lúcia, à esquerda na volta de um passeio ao Parque do Ibirapuera, em São Paulo.

Querida Maninha ... Havia sol nesta manhã de 1968, a certeza na Revolução e um pouco de tristeza, no que estava por vir, neste pequeno poema que você escreveu aos 18 anos!

Para um jovem
Maria Lucia Petit da Silva[2]

Eu hoje saí a procurar-me
pela rua-universo do meu mundo
e eis que na ânsia louca de encontrar-me,
descobri a ti, ó meu irmão.
Ou melhor, encontrei-me em ti.
Porque somos do mesmo sangue
UNIVERSAL,
Falamos a mesma língua
A DO AMOR
Caminhamos no mesmo rumo
LIBERDADE.
Temos a mesma certeza,
VENCEREMOS.

Estás agora, irmão
Fazendo aquilo que planeja
E, infeliz, não consigo realizar.
A qualquer momento ferir-te-ão
e morrerás.
E, quem sabe, o inimigo usará

2 Maria Lúcia escreveu este poema, em São Paulo, quatro dias antes de completar 18 anos, à época era estudante da Escola Estadual Fernão Dias, onde se formou professora.

tua arma, ainda virgem,
derrubando tudo o que construístes.

Sinto que morres neste instante
porque ainda te resta a liberdade para morrer
Mas quisera que vivesses
para continuar a luta
para que outros vivam,
para que eu viva.

Lembro-me agora (e alegro-me)
que somos um só e, portanto,
continuas vivo em mim.

São Paulo, 16 de março de 1968

Laura Petit da Silva, São Paulo, 8 de setembro de 2019

Jayme Miranda

A filha do clandestino

André Rocha de Miranda[1]

A menina era filha do que o governo chamava de subversivo. E era um subversivo dos grandes: falante, charmoso, carismático, envolvente e elegante (mesmo com as roupas desgastadas e amassadas pelo uso perseverante), um suave e delicado arquiteto de cenários imaginários, em parques públicos, cooperativas e fábricas, na cidade, no interior. Brincava nos largos arborizados do Rio de Janeiro com sua filhinha, criando locações encantadas de um mundo melhor, rodeado de tudo que fosse de mais necessário, bem distribuído para toda a garotada e os seus genitores.

A menina pensava: então, ela e seus irmãozinhos iam poder ter com maior facilidade os brinquedos e coisas que davam água na boca: – Bem, filhinha... não vai faltar uma boa refeição na hora certa; remédios para quem precise se curar; emprego para os adultos ganharem dignamente a vida; arte; cultura; esporte; uma casa firme; uma escola bem equipada; uniforme estudantil e sapatos de sola reforçada...

Ele estava sempre conversando com as pessoas, parecia explicar eternamente questões que a menina não conseguia compreender bem, era muito paciente, de voz pausada, em um tom baixo e decrescente, causando um torpor

---

1 Conto do livro o *Farol das Massas*, 2014 – André Rocha de Miranda (filho de Jayme Miranda).

de comprometimento aos ouvintes. Às vezes, entregava pequenos papéis com o texto estourando as margens:

– *São panfletos filhinha, informativos para conscientizar o proletariado dos seus direitos, senão o patrão arranca o couro deles. E ainda têm os camponeses precisando de terra. Ê Brasil grande! Que não dá um pedaço de chão para as famílias plantarem, tudo para os coronéis. Quando dá, é lá na floresta, cheio de onça, isolado do mundo, tragado pelo mato e pelos bichos, sem semente, insumos, assistência técnica e mantimentos até a safra. Fica lá no meio da selva...*

A menina já lia fluentemente historinhas, gostava de Monteiro Lobato e das fábulas de La Fontaine, mas aqueles assuntos de A Voz do Povo, o jornalzinho de papel escuro e de diagramação toda torta do papai, eram muito complicados. Coisa chata mesmo. Só prestava atenção porque era o papai, para não ser indelicada. Além do mais, ele poderia achá-la boba. – Isso não, de jeito nenhum. Assim decorava colunas inteiras para impressionar o seu pai. As mais chamativas de sua curiosidade, com desenhos engraçados, falavam: "O Petróleo é Nosso!" Homenageando uma antiga campanha comandada pelo pai da Marquesa de Rabicó, a Emília, lá no Sítio do Pica-pau Amarelo, com Cuca, Curupira e Saci, em liso cabo de guerra com barris esguichando para todo lado. Outra, falava da soberana razão do mais forte, com uma ilustração caricaturada de um lobo fardado mirando ovelhinhas verde-amarelas. Pai e filha eram muito apegados, tinham segredos só deles, faziam alguns passeios separados do resto da família, circo, cinema e muitas caminhadas pelas ladeiras do bairro. Nessas andanças, ele ia detalhando as suas ideias de mundo perfeito: oportunidades iguais, ninguém muito rico, ninguém muito pobre; filas quilométricas iguais (sem privilégio, furos, na sequência indiana, só para gestantes, idosos e portadores de necessidades especiais); liberdade de expressão; cidadania; respeito aos direitos humanos; lazer para as crianças e distribuição de guloseimas.

Mas o tempo junto passou rápido como um sonho doce. De repente, um vazio tão grande ficou no peito da garotinha, vazio de alma transpassada. Ela que recebia tanto dengo daquele pai, sentiu um nó interno, sem afrouxo de engasgo, pleno de ausência. Desenvolvida fisicamente, mas muito ingênua como qualquer pré-adolescente da década de 70, teve um choque de amadurecimento emocional estúpido, administrado pelo destino, pelas vicissitudes da época, época histórica cinzenta. Ficou sem saber o que aconteceu com o pai, advogado, jornalista e ativista de políticas proibidas pelo regime vigente. Tragado pelo sistema, simbolizado na fantasia juvenil, por uma mandíbula monstruosa de mecânica insaciável, estalando metálica em sua ruminação aos alheios sonhos livres, num tempo escurecido de chumbo e futebol de ilusão. Seu pai no meio desse furacão. E ela perseguindo o redemoinho gigante que o levou pra longe, longe para sempre.

A menina teve que seguir, órfã na clandestinidade, teve que crescer no abrupto imposto, superar a sua perda imensa, fechar a sua cicatriz de náufraga mal pontilhada, evoluir mais rápido que todo um país. Elegeu, nessa trajetória, uma nova nação dileta: seu lar, com os seus filhos, seu esposo, seus parentes, seus amigos, entretanto, sem parar de contribuir para o crescimento da acre pátria. Nunca arrefeceu suas memórias paternas, ocasionais degustes longínquos de licor de lembranças... Dizem até, em algumas correntes, que ele retornou ao seu convívio, reencarnado como o seu filho caçula. Tema controverso devido à diversidade de crenças do clã expandido e, de sua justa, severa, partilha de afeto.

Os estripadores da casa da morte

Na Serra...
Serravam-se os ossos
Serviam-se os sádicos
Arrancavam dedos e dentes,
Estripavam
Feito Jacks do Regime.
Sem impressão
E banguelas
As vítimas da *carrascaria*
Com segredos desnudos,
Até os ignorados,
Desciam pelas correntes de sangue...
Escafedidos
Nos rios maculados
Em sacos com medida de pedras...
Sem tripas não flutuam
Por ceifas sanguinárias
Mas levitam sempre
As almas nobres
E os legados
Dos corpos heroicos
E das mentes libertárias.

André Rocha de Miranda

1º de abril de 1964, a carta e Violeta Parra[1]

Lúcio Verçoza[2]

Voltar para 1º de abril de 1964, depois de viver meio século, é como decifrar signos e retirar musgos da memória. As cidades eram menores, o telégrafo e a rádio transmitiam notícias sobre as tropas nas ruas. A carta enviada demorava a chegar:

Me enviaram uma carta
Pelo correio hoje cedo
E nesta carta me dizem
Que foi preso meu irmão
E sem piedade com grilhões
Pelas ruas o arrastaram, sim

---

1 Esse texto, publicado em 31 de março de 2019 no *Jornal GGN*, foi produzido a partir das memórias e relatos orais das irmãs Zenaide Miranda e Neiza Miranda, do livro *Oh, pedaço de mim* (MIRANDA, Olga. Maceió: Q – Gráfica, 2017), de fichas do DOPS disponíveis no Arquivo Público de Alagoas e das músicas de Violeta Parra (*La Carta e Volver a los 17*).

2 Doutor em Sociologia pela Universidade Federal de São Carlos e autor do livro *Os homens-cangurus dos canaviais alagoanos: um estudo sobre trabalho e saúde* (Edufal/Fapesp). Lúcio é sobrinho de Jayme Miranda.

Em Maceió, abril de 1964 começou com prisões generalizadas. Havia bloqueios policiais e do Exército em pontos estratégicos da cidade. O encarceramento se dava sem acusação formal. Dentre os primeiros detidos daquela manhã, encontrava-se Manoel Simplício de Miranda, proprietário do Hotel Atlântico. No momento em que foi decretada sua prisão, estava de carona no carro de um hóspede. O veículo, ao se aproximar da ladeira da Catedral, foi interceptado por uma viatura do Exército. O hóspede, que era médico, reclamou da arbitrariedade e exigiu explicações. Ambos acabaram na cadeia.

Mais tarde, o Hotel Atlântico foi invadido pelos militares. Metralhadoras e fuzis dividiam o espaço do corredor com hóspedes, mulheres e crianças. Naquela altura, os homens da família estavam presos ou foragidos. Após revirar os quartos e não encontrar nada que pudesse ser enquadrado como subversivo, o delegado Albérico Barros ordenou que seus subordinados fizessem uma fogueira com jornais velhos na porta do hotel. O fogo queimava na margem esquerda do Riacho Salgadinho, em plena Avenida da Paz. Alguns passantes observavam com medo, outros cochichavam com os olhos de curiosidade.

A carta diz o motivo
Que cometeu Roberto
Ter apoiado a greve
Que já tinha se resolvido
Se por acaso isto é o motivo
Presa também vou, sargento, sim

O velho Miranda não era de se envolver em política. No entanto, tinha filhos comunistas e isso, a partir daquele dia, era motivo suficiente para ser preso. O mesmo era válido para irmão de comunista. Wilton, que trabalhava nos Correios e nunca havia participado de comício ou panfletagens, foi encarcerado naquele mesmo dia, simplesmente por causa do sobrenome. Lá, encontrou vários sindicalistas, estudantes, advogados, jornalistas, intelectuais, primos e seu irmão, Jayme Miranda – que era advogado, editor do jornal A Voz do Povo e dirigente do Partido Comunista. Antes de ser preso, viu a sede do jornal, situada na Rua do Comércio, ser depredada por policiais e apoiadores do golpe.

Na cadeia, não tinham notícias de Nilson Miranda, o irmão mais novo. Ele era jornalista, vereador de Maceió e membro do Partido Comunista. Após contundentes discursos na Câmara, havia despertado a ira dos grupos que tramaram o golpe, chegando inclusive a sofrer ameaças de morte. Em sua fuga, levando somente a roupa do corpo, caminhou por canaviais, pegou caronas na beira da estrada e viajou escondido na carroceria de caminhão. A partir dessa data, viveu por mais de uma década como um desterrado em sua própria terra: mudando de nome, endereço e cidades.

Por sorte tenho violão
Para chorar minha dor
Também tenho nove irmãos
Fora o que foi preso acorrentado
Todos são comunistas
Com o favor de meu Deus, sim

Eram ao todo dez irmãos, no entanto somente dois eram comunistas. Mas isso pouco importava; no fundo, para a repressão, todos eram comunistas, sim. Inclusive o médico, que questionou o motivo da prisão de um idoso com 69 anos de idade, era suspeito até que se provasse o contrário.

Na recepção do Hotel Atlântico, Hermé Amorim de Miranda aguardava notícias do marido e dos filhos. Pouco antes, havia enfrentado jovens oficiais com a cabeça erguida: – Quem vocês vão prender agora, as mulheres ou as crianças? Um dos jovens fardados, ela vira crescer desde menino, ele jogava bola na Praia da Avenida. Mirando as chamas da fogueira, dona Hermé se perguntava: – Será que daqui a meio século esses acontecimentos não serão lembrados como uma brutal violência?

Tinha visto insolência
Barbárie e traição
Para exibir o trabuco
E matar a sangue frio
Quem defesa não tinha
Com as duas mãos vazias, sim

O dia não acabou ali. A mentira de 1º de abril se prolongou nas décadas seguintes. Quase 11 anos depois, em 22 de março de 1975, o velho Manoel Simplício de Miranda escreveu uma carta para o presidente da República e para o ministro da Justiça:

> "[...] Em nome do Conselho dos Advogados, para uma luz oficial que alumie e alivie a dor da incerteza de uma família numerosa e simples (como

> simples e numerosa são todas as famílias do norte), é a busca do meu filho querido que saiu de casa na manhã de 4 de fevereiro próximo passado e não mais foi visto nas ruas, nos hospitais, nos necrotérios, nas prisões que nos permitiram chegar perto. Meu filho, doutor ministro, é um advogado de 49 anos de idade, pai de quatro encantadoras crianças, um homem brilhante eu poderia considerar, não teve o receio de infringir as restrições da hora vivida que tira do homem o direito de livre ideia e de livre pensar. Trata-se de Jayme Amorim de Miranda, ex-suplente de deputado estadual, ex-diretor do jornal A Voz do Povo, cassado e preso em 64 e libertado quase um ano depois, sem ser ressarcido da sua propriedade confiscada e destruída, residindo na Guanabara desde então. Meu filho não é um criminoso, senhor ministro da Justiça, ele é um pensador que pode não comungar daquilo que o poder oficial considera correto ou absolutamente certo. É um homem, e como tal, sujeito a erros passivos ou não de punição, mas igualmente ser humano digno de respeito ou da simples comiseração do Estado.

O tempo, os meus 79 anos, me tiraram a luz dos olhos, senhor ministro. A luz, o vigor do meu coração, o relógio da vida, está igualmente a se extinguir. Permita-me, ilustre homem público que detém tanta força nas mãos, que um pai possa pelo menos morrer tranquilo, sabendo o filho desaparecido, vivo ou morto. Permita em nome da honra de Vossa Excelência que eu possa, antes de entregar minha própria alma ao criador, enterrar meu morto mais querido, ou cobrir no amparo de meus netos e minha nora aquele que o país decidiu julgar. Um velho chora no papel o desespero da incerteza. Ajuda senhor ministro com o vosso prestígio e senso de humanidade ao servo humilde do clã e uma família muito querida, para que eu possa fechar os olhos cônscio do dever cumprido. O dever do pai da proteção do filho".

Voltar a 1º de abril de 1964 é como decifrar signos, como o muro na hera, como uma remela retirada dos olhos. O velho Miranda morreu cego e sem rever o filho. A carta nunca foi respondida pelas autoridades. Recentemente, foram revelados documentos que demonstram que o presidente Geisel autorizou a tortura e assassinato de opositores da ditadura. Segundo a Comissão Nacional da Verdade, 434 pessoas foram assassinadas por divergência política com o regime. Além da eliminação física, estima-se que mais de 30 mil pessoas foram torturadas por agentes do Estado. Muitos desses casos de tortura não constam nos registros oficiais, pois vários arquivos foram propositalmente incinerados para ocultar o crime. Segundo o mesmo relatório, aproximadamente oito mil indígenas foram exterminados naquele período.

Após quase meio século, a amada esposa de Jayme, Elza, prossegue com os filhos e netos em busca dos restos mortais de seu ente querido. A dor também permanece entre seus irmãos e na geração de sobrinhos e sobrinhos-netos. Se Hermé Amorim de Miranda ainda estivesse viva continuaria com a mesma indagação de abril de 1964: – Como alguém pode compactuar com tamanha violência?

Eu que me encontro tão longe
Esperando uma notícia
Vem me dizer a carta
Que em minha pátria não há justiça
Os famintos pedem o pão
Chumbo lhes dá a milícia, sim

(VIOLETA PARRA, *La Carta)*

Manuel e Hermé.

Os dez irmãos Miranda.

Elza, Jayme e seus filhos.

Jayme Miranda: a voz do povo

Olga Miranda[1]

Jayme Amorim de Miranda, advogado e jornalista, nascido em 18/07/1926, desde criança apresentava gosto pela leitura e pelo diálogo. Conquistava a todos com seu jeito carismático e alegre. Interagia com as pessoas utilizando uma linguagem adequada. Isso não só agradava aos camponeses e operários, mas também aos intelectuais. Ouvia com paciência e emitia suas opiniões com eloquência e segurança. De tanto ouvir sobre as queixas dos trabalhadores sobre violação de direitos sociais e fundamentais e de tanto estudar, despertou para a necessidade de contribuir para a construção de uma sociedade mais justa e solidária.

Escolheu se filiar ao Partido Comunista Brasileiro e tornou-se Diretor do Jornal *A voz do povo*, que fez circular em Maceió/AL. Este veículo foi instrumento de divulgação de denúncias contra as violações dos direitos, orientava sobres questões trabalhistas, sobre a exploração dos camponeses, das assalariadas agrícolas, dos operários das fábricas, das usinas de açúcar, dos ferroviários, da falta de

1 Olga, filha de Jayme Miranda.

moradia, de assistência médica, tratava de política e outros assuntos. O fato é que possuía um discurso diferente da mídia hegemônica.

Em razão disso, Jayme foi preso várias vezes, a sede do jornal invadida, e o maquinário destruído. Também ao distribuir panfletos em frente a uma fábrica, em Fernão Velho/AL, foi esfaqueado e quase morreu. Sua opção de vida repercutiu em sua família, que foi perseguida e alguns componentes presos em 1964, inclusive seu pai.

Viveu clandestinamente por 10 anos no Rio de Janeiro. Desse período tenho boas lembranças (na idade de 4 a 14 anos). Apesar de meu pai viajar com frequência, minha mãe mantinha o controle da casa e tudo era normal como em qualquer outra casa. As dificuldades financeiras que passamos não nos surpreendia, pois, eram comuns aos vizinhos que nos circundavam. Frequentávamos a escola como todas as crianças e só uma coisa era diferente, em virtude de que todos os anos nos mudávamos e perdíamos o contato com os amigos e colegas de classe.

A presença marcante de nosso pai nos alegrava desde sua chegada, quando nos mimava com abraços, conversas e confeitos. Realizava sempre programações culturais e de lazer. Em razão disso, conhecemos vários museus, assistíamos aos concertos musicais realizados do parque da Quinta da Boa Vista, aos filmes lançados, frequentávamos alguns finais de semana o Parque do Aterro do flamengo e às vezes íamos à praia. Também havia as programações fixas como a de assistir o desfile em comemoração a Independência do Brasil (7 de setembro) e ver aos desfiles das escolas de samba.

Em relação ao ensino convencional, ele me ensinava inglês e ao meu irmão Yuri, ensinava o Francês, conversava sobre história geral e jogávamos xadrez, peteca e bola. Jayme era flamenguista e gostava de jogar e assistir ao futebol com os seus três filhos (Yuri, Jaime e André). Os sábados à noite eram dedicados à minha mãe. Eles frequentemente saíam para dançar e jantar. Lembro-me que meu pai gostava de presentear minha mãe com buquê de rosas.

Em 1974 meu pai viajou para o exterior, retornando no final desse ano e em fevereiro de 1975, visivelmente angustiado, não visualizávamos sua alegria, seu semblante transbordava tensão, até que em 04 de fevereiro, foi sequestrado pelos órgãos do Estado Brasileiro e segundo versão (não confirmada oficialmente) do Sargento Marivaldo, assassinado em São Paulo. Nessa época, ele era o terceiro na hierarquia do PCB. Recordo-me que minha avó no leito, antes do desencarne, lamentava partir para outro plano sem notícias do filho amado. Quando releio a carta de meu avô e de minha mãe, ambas dirigidas ao Presidente da República, suplicando notícias do filho e esposo, respectivamente, ainda gotejo lágrimas desse reservatório que não seca.

Todavia, enquanto ainda procuramos notícias de Jayme Miranda, notamos que residimos junto a uma sociedade alheia ao nosso problema e percebemos que a existência de um Estado violento agrada a muitos. Mas como repousar ante o pedido de meus avós e de minha mãe? Não há como renunciar a tarefa de busca, ainda que, com tamanha rede de obstáculos. O fato é que retemos, há muito tempo, a esperança de obter informações sobre o nosso ente querido, para agasalhar nossos corações.

Ainda assim, me considero privilegiada de ter tido um PAI pacifista e humanitário e uma mãe forte e corajosa. Meu consolo é saber intuitivamente que meu pai está bem. Eu o vi várias vezes em meus sonhos, em meus pensamentos, nos momentos mais importantes de minha vida, com seu jeito sereno, de consciência tranquila por ter feito sua parte, por ter deixado um legado positivo, por ter tentado remover os entulhos que dificultavam a conquista da equidade e dignidade de seu povo. Seu espírito dotado da mansuetude e amor, apesar de libertado desse mundo físico de maneira perversa e cruel, facilitou sua ascensão e transmitiu valores sublimes aos descendentes e demais pessoas de boa fé. Sua herança foram bens imperecíveis e nesse mundo difícil de conviver eu me energizo com sua imagem, sentindo o calor enorme de seu afeto.

Na primeira imagem, Jayme e Olga. Ao lado Jayme, Olga e Jayme.

Na primeira imagem, Jayme e os filhos. Ao lado, Jayme e Elza.

Carta de Manoel Simplício de Miranda ao Presidente da República e Ministro da Justiça

"Pelas mãos do honrado senhor Senador Luiz Cavalcante ratifico perante Vossa Excelência o mesmo feito ao ilustre ministro DR. José Ribeiro Castro filho em nome do Conselho dos Advogados para uma luz oficial que alumie e alivie a dor da incerteza de uma família numerosa e simples como simples e numerosa são todas as família do norte é a busca do meu filho querido que saiu de casa na manhã de 04 de fevereiro próximo passado e não mais foi visto nas ruas, nos hospitais, nos necrotérios, nas prisões que nos permitiram chegar perto. Meu filho, douto ministro, é um advogado de 49 anos de idade, pai de quatro encantadoras crianças, um homem brilhante eu poderia considerar, não tive o receio de infringir as restrições da hora vivida que tira do homem o direito de livre ideia, de livre pensar. Trata-se de Jayme Amorim de Miranda, suplente de deputado estadual, diretor do jornal *A Voz do Povo* casado e preso em 64 e libertado quase um ano depois sem ser ressarcido da sua propriedade confiscada e destruída, residindo na Guanabara desde então meu filho não é um criminoso senhor ministro da justiça, ele é um pensador que pode não comungar daquilo que o poder oficial considera correto ou absolutamente certo é um homem como tal sujeito a erros passivos ou não de punição mas é igualmente ser humano digno de respeito ou da simples comiseração do Estado.

O tempo, os meus 79 anos, me tiraram a luz dos olhos, senhor Ministro, a luz vigor do meu coração. O relógio da vida está igualmente a se extinguir. Permite-me ilustre homem público, que detém tanta força nas mãos, que um pai possa pelo menos morrer tranquilo sabendo o filho desaparecido vivo ou morto. Permita em nome da honra de Vossa Excelência, que eu possa antes de entregar minha própria alma ao criador, enterrar meu morto mais querido ou cobrir no amparo de meus netos e minha nora aquele que o país decidiu julgar. Um velho chora no papel, o desespero da incerteza. Ajuda senhor Ministro com o vosso prestígio e senso de humanidade ao servo e humilde, o clã e uma família muito querida para que eu possa fechar os olhos cônscio do dever cumprido. O dever do pai na proteção do filho". Maceió/AL, 22 de março de 1975.

Manoel Simplício de Miranda

Hermé e Manoel Miranda.

Praia da Avenida, Maceió, anos 1960.

Meu leitor referência: Jayme Miranda

Yuri Miranda[1]

Ele sempre me vem como uma figura amorosa de grande simpatia, seu semblante bonachão retrata um pai pronto a reservar o maior tempo possível para a família. Foram muitos os momentos de recordação, aprendi com ele a gostar das boas músicas da MPB e do samba, sem deixar de lado de ouvir a beleza e a melodia refinada de um clássico.

Muito pequeno, cerca de cinco anos, assisti meu pai jogar uma partida de xadrez, achava lindo o jogo, as peças e sua concentração, interessei-me, ele com muita paciência ensinou-me, fui crescendo e treinando, ensinava aos colegas da escola e aos meus amigos do bairro, meu objetivo era jogar bem como ele. Um certo dia, quando já tinha entre oito e nove anos, no calçadão de Copacabana, à época havia sempre uma fileira de mesas e cadeira com jogos armados (não sei se pagávamos ou não) e as pessoas jogavam xadrez, sentei e consegui vencer um senhor, um adulto, meu pai orgulhoso, disse que estava muito feliz. Aquilo foi inesquecível.

Um dos momentos especiais que mais me marcaram foi quando passamos o dia na Quinta da Boa Vista, além das visitas básicas ao Museu e ao Zoológico, assisti à peça

---

1 Filho de Jayme Miranda

Lago dos Cisnes, numa apresentação encantadora com um palco maravilhoso, com muitas luzes e um figurino espetacular. Foi algo tão lindo, emocionado, apesar de ser pequeno, creio que, entre nove e dez anos, nunca esqueci. O público ficava em volta do gramado e eu adorava quando meu pai me erguia no ombro para ver melhor, muitas vezes explicava cada ato (é dividida em quatro atos) e chamava a atenção para uma cena forte ou aos os efeitos acústicos da orquestra sinfônica em trechos especiais da obra prima de Tchaikovsky. Criança inocente achava que meu pai era mágico, pois sabia tudo o que ia acontecer.

Outra impressão boa foi o fato de vê-lo constantemente lendo, admirava os seus livros bonitos, sua estante era repleta de livros grossos com capas duras, ele e os professores sempre passavam livros com capas finas e de poucas páginas, mas eu no meu mundo imaginário achava que ele era mais inteligente, porque lia aqueles livros maiores e de autores com nomes difíceis. Entre os doze e treze anos peguei gosto pela leitura, comecei pelas obras brasileiras que ele possuía, a coleção de Jorge Amado e de Graciliano Ramos.

Com o seu desaparecimento seu legado de livros passou a ser um desafio a ser perseguido e além dos livros políticos e econômicos aprendi a apreciar seus romances clássicos, em particular os Russos, que ele tinha vários, a coleção de romances de capa vermelha, do Dostoievski era uma leitura árdua, passei a sublinhar e a recorrer a dicionários e anotar os significados, outro problema era os muitos nomes difíceis para um mesmo personagem, diminutivos, apelidos, pré-nome, para entender passei a registrar na contracapa. Comecei por *Noites Brancas e ou-*

tras histórias, mas eram contos e acabavam logo, passeia a sentir prazer por histórias de longa navegação, o primeiro foi o *Idiota,* depois tomei coragem para viajar mais longe, o desafio de mergulhar em obras maiores, ver sendo decifrado os enigmas e as sutilezas de *Os Irmãos Karamazov* e *Ana Carolina,* depois outros autores dos clássicos *Guerra e Paz, O Jogo das Contas de Vidro* e *Almas Mortas* que me despertou o gosto por conteúdos psicológicos vieram do *Processo* de Franz Kafka, e Herman Hesse com o *Lobo da Estepe* e meu sonho seria ter podido discutir com meu pai estas experiências.

João Massena

Quintal

Andreia Prestes[1]

Nosso quintal é do tamanho do mundo.
Nele passaram os sonhos de Marighela.
Pisaram os pés do Gregório Bezerra.
As palavras do Prestes.
Resistimos!
Nesse quintal Ecilas e Marias falaram sobre a dor do exílio, dos que ficaram e dos que partiram.
Resistimos!
Neste terreno se debateu a construção da Escola de Samba Quilombo dos Palmares, que pretendia ser um retorno a tradição cultural afro do samba. Eduardo Rezende, meu bisavô, com Candeia e tantas outras vozes.
Resistimos!
Aqui também sofremos as arbitrariedades de mandatários tiranos durante a Ditadura Civil Militar. Numa manhã de inverno a polícia invadiu, quebrou muita coisa e levou todos presos.
Resistimos!
O quintal assistiu a prisão da bisavó Alice, mulher de vida sofrida que teve coragem de em 1929 se insurgir contra o marido violento e construir novas relações afetivas.
Resistimos!

---

1 Andreia Prestes é neta de João Massena.

Aqui, neste quintal, incansáveis vezes nos reunimos para lembrar de João Massena, meu avô, integrante do Comitê Central do Partido Comunista assassinado pela Ditadura militar em 1974, cujo corpo não nos foi dado sequer o direito de velar.
Do tamanho do mundo é o quintal. Lugar de memória, de luta e também de lágrimas.
Resistimos!

Ignorados

No atestado de óbito do Massena, entregue pelo Estado, o Médico atestante chama-se Dr. Ignorado. Por triste coincidência, o lugar de falecimento leva o mesmo nome: Ignorado.
Também parece curioso que, nessa certidão, o lugar de enterramento é o Cemitério Ignorado e o motivo do falecimento ignorado.
E nesse país sem memória, sem resposta, sem seu corpo, sigo me sentindo ignorado.
Crime contra a democracia, mulher preta e favelada, onde está o mandante? Ignorado.
Tantas mães sem seus filhos, Manguinhos, Acari e Costa Barros, quem executou? Ignorado.
Seguimos. Sem resposta. Sem retorno. Sem verdade. Ignorados!
A cada dia que passa sem nomear nem punir culpados, o Estado confirma nosso coro de Ignorados.

Andreia Prestes
Rio de Janeiro, 23 de setembro de 2019

Massena e esposa Ecila com seus dois filhos: Alice e João Filho. 1965.

Viva João Massena

Edu Prestes[2]

Em 16 de agosto de 1919 no interior de Pernambuco nascia João Massena, meu avô. Desde cedo percebeu sua condição social e de sua família e aos 10 anos de idade já havia perdido o pai e a mãe. Veio para o Rio de Janeiro, ainda adolescente, na companhia de um primo mais velho. Aos 13 anos já trabalhava na antiga fábrica de tecidos Nova América e, influenciado pelos movimentos de luta dos trabalhadores, passou a frequentar as reuniões sindicais e ter contato com as ideias marxistas. Foi preso pela primeira vez, ainda menor de idade, quando participava de ações de panfletagem na porta da fábrica. Aos 20 poucos anos, na década de 1940, após idas e vindas na detenção, foi enviado para a Ilha Prisão de Fernando de Noronha e teve contato com vários companheiros do partido comunista de todo Brasil.

Massena teve intensa atividade política tanto nos movimentos dos trabalhadores como também no subúrbio carioca, onde sempre morou. Por conta disso, foi eleito vereador em 1947 pelo estado da Guanabara e logo teve seu mandato cassado com o início da guerra fria, a extinção do Partido Comunista e a perseguição de seus integrantes por parte do governo. Vida clandestina, correria de casa

2 Edu Prestes é neto de João Massena.

em casa de aparelho em aparelho, assim foram nascendo seus filhos, um em cada canto do país.

Na década de 1950 o próprio partido coloca a prova a capacidade de articulação política de Massena e por ser homem do povo, faz pouco caso de sua trajetória dentro do partido e lhe envia para o chão da fábrica para trabalhar como metalúrgico. Massena, sem a ajuda do partido, se articula politicamente dentro do sindicato dos metalúrgicos, ganha força política e em 1962 é eleito deputado estadual pelo Rio de Janeiro. É novamente cassado após o golpe civil/militar de 1964.

No início de 1971 é preso e violentamente torturado na Ilha das Flores em São Gonçalo – RJ, sai 2 anos depois, muito debilitado, e vai fazer um tratamento de saúde na antiga União Soviética. É quando se encontra pela última vez com meu pai que estava em Moscou, em seu autoexílio, estudando para ser químico.

Em 1974, de volta ao Brasil, Massena vai a um encontro na cidade de São Paulo e não retorna. Dias depois, minha avó vai a seu encontro na capital paulistana, mas também não obtém sucesso e percebe ali que algo havia acontecido. Massena naquela época tinha 54 anos e era um articulador político do PCB lutando pela abertura democrática em nosso país.

Hoje sabemos que João Massena foi sequestrado no início de abril por agentes do Dops e foi levado para a casa da morte em Petrópolis. Ali teria sido torturado, assassinado e seu corpo jamais foi entregue a família. Foi mais uma vítima da operação Radar que tinha como objetivo eliminar a "velha guarda" do partido comunista, evitando que numa possível abertura política essas pessoas ocupassem os espaços de poder.

João Massena foi um sujeito de luta, teimou em lutar por liberdade e por entender que a desigualdade nesse país era gerada por uma pequena elite econômica. Sempre colocou sua luta e o partido como prioridade, disse inclusive isso no dia de seu casamento com a minha avó: "sabe que sou um comunista e para mim o partido vem em primeiro lugar".

Hoje, se estivesse vivo, Massena completaria 100 anos de vida, 100 anos de luta e de histórias para contar, 100 anos de resistência e de crença na força da luta do povo, de homens e mulheres comuns que têm direito a uma vida digna como todo o cidadão deveria ter. Hoje é dia de celebrar o centenário de um pernambucano arretado, que não aceitava o não como resposta e que acreditava na mudança e num país melhor para todos. Carrego com muito orgulho a memória de meu avô Massena e guardo todo o arsenal de histórias que me contam para que as próximas gerações possam também lembrar com carinho desse nordestino arretado. Hoje mais do que nunca Massena vive em nossos sonhos e atitudes diárias, o Estado assassino comandado por militares desapareceu com o seu corpo, mas a memória vai resistir e lembrar que um Estado covarde some com corpos, mas jamais sumirá com a história e memória de João Massena.

VIVA JOÃO MASSENA, VIVA O 16 de Agosto.
Rio de Janeiro, agosto de 2019

João Massena e os filhos em Muriqui: Alice Massena, Carlos Massena e João Massena Filho, em 1959.

Massena e a esposa Ecila. 1959.

João Massena, presente!

Elisa Prestes Massena[3]

Hoje é dia de luto. Dia de respeito a memória dos mortos e desaparecidos no período mais sombrio da história do Brasil. Sim, a ditadura existiu e se iniciou a exatos 55 anos atrás em 31/03/1964. A partir de 1964 a liberdade de expressão foi suprimida, não havia eleições, o Congresso foi impedido de atuar e perdeu seus poderes e, mulheres e homens que atuavam pela melhoria de condições de trabalho, de vida, pela educação e saúde acessível a maior parte da população, foram assassinados ou se exilaram. Somente a partir de 1979, quando foi publicada a Lei da Anistia, os exilados puderam retornar ao Brasil e houve o restabelecimento dos direitos políticos que haviam sido suprimidos entre os anos de 1964-1979. É importante frisar que mesmo com a Lei da Anistia, o Brasil só retoma a democratização de fato a partir das Diretas Já em 1985 e com a promulgação da Constituinte em 1988. Por que escrevo isso? Porque meu pai, sendo químico formado fora do Brasil e tendo sido contratado por uma universidade pública brasileira, não pode assumir o cargo. A graduação fora do Brasil e a filiação pesaram na decisão provavelmente.

Meu avô João Massena, pernambucano de Palmares, era filho de carpinteiro e costureira, jovem se interessou pela política e entre 1932-1933 se mudou para o Rio

3 Neta de João Massena.

de Janeiro tendo ido trabalhar na Fábrica de Tecidos Nova América. Durante o Estado Novo ficou preso em Fernando de Noronha e sua liderança operária possibilitou sua atuação como vereador, pelo Partido Comunista, em 1947, pelo Rio de Janeiro, capital da República a época. Seu mandato como vereador foi extinto com o fechamento do Partido. Nos anos de 1950 trabalhou como soldador e integrante do Sindicato dos Metalúrgicos no Rio em 1962 se elegeu deputado estadual pelo Partido Social Trabalhista. Teve seu mandato interrompido pelo primeiro Ato Institucional, em 09/04/1964. Em 1970 teve sua residência invadida, foi preso (entre a Ilha das Flores e Ilha das Cobras) por dois anos e sete meses e torturado.

João Massena desapareceu em 03/04 de 1974, em São Paulo. Um ano antes de meu nascimento, o conheço pelas histórias contadas por minha avó Ecila, hoje com 89 anos. Se vivo hoje ele fosse, completaria em agosto cem anos. Com publicações e depoimentos disponibilizados a partir dos anos de 1990 sobre o ocorrido durante a ditadura, há a hipótese de que Massena foi levado para a Casa da Morte, em Petrópolis, no Rio de Janeiro e aí foi assassinado. Cabe ressaltar que a partir de meados dos anos 1990 são imprescindíveis os esforços da Comissão Nacional da Verdade e, em especial, da Comissão Especial de Mortos e Desaparecidos Políticos (CEMDP), na busca incansável por respostas referentes ao desaparecimento/assassinato de pessoas no período da ditadura militar brasileira. É importante que não esqueçamos do que ocorreu nesse período no Brasil para que nunca mais aconteça. Vô Massena presente!

Última foto de João Massena – depois ele desapareceu.

Joel Vasconcelos Santos

Lembranças pitorescas dos familiares do desaparecido político: Joel Vasconcelos Santos

Altair Vasconcelos[1]

Início da década de 1960, em Nazaré "das Farinhas" (denominação acrescentada por produzir e comercializar as melhores farinhas de mandioca do País) situada no Recôncavo Bahiano, nasceram os "Vasconcelos Santos".

Éramos três meninos e três meninas: Lígia, Joel, José, João, Altair e Denise, ou melhor, com os apelidos de: Dona Nilma, Joa, Zito, Dão, Tai e Deni, respectivamente. Lígia Maria faleceu de complicações no parto. Denise (a caçula) faleceu com gravidez tubária. Joel é desaparecido político.

Não podemos afirmar que passamos fome na vida. D. Elza Joana, nossa mãe, trabalhando como costureira, sempre conseguia prover o sustento, que devemos confessar, não sabemos até hoje como conseguia. Pela fome passamos perto, ou "tiramos um fino", porque certa vez D. Elza Joana teve que viajar para a capital (Salvador) e tinha deixado programada uma semana de suprimentos até voltar. Ocorre que na volta o ônibus em que vinha sofreu um acidente e nossa mãe foi parar em algum hospital e atrasou seu retorno em cinco dias. Como o Joel que era

---

1 Irmã de Joel Vasconcelos.

organizado e o mais velho dos homens coordenava a "bagunça" (seis crianças pequenas comandando uma casa) no sétimo dia só sobraram açúcar, farinha e pó de café. Foram cinco dias de "mingau de café" (faz-se o café, adoça à gosto, levando ao fogo e acrescentando lentamente a farinha) até o retorno de nossa mãe. Acreditamos que foi o mais perto que passamos pela fome.

Joel ao completar 10 (dez) anos começou a trabalhar para ajudar nossa mãe no sustento da casa. Virou aprendiz de sapateiro e em pouco tempo já conhecia a profissão e passou a fazer e consertar sapatos. Só andava pelas ruas de Nazaré com os apetrechos do ofício, inclusive o "pé de sapateiro" (estrutura muito pesada em ferro maciço, com três modelos de forma de sapatos). Tinha orgulho de seu ofício e era motivo de gozação na cidade, que não levava em consideração.

Apesar de sério e organizado o Joel era quem comandava as brincadeiras em casa. Éramos incomensuravelmente felizes! As brincadeiras eram as mais simples possíveis, passando entre tocar piston (instrumento que nosso pai, aposentado por invalidez, tocava) pela famosa "guerra de travesseiros" e até (não sabemos se devemos censurar) pela "fábrica de gases" (que consistia em cada um emitir gases embaixo dos cobertores e calcular qual o pior odor). O triste é que alguém tinha que aferir o "grau" e atribuir notas.

Joel gostava de esportes, sendo centroavante (antigo "ponta de lança"). Os irmãos sempre jogavam juntos. Quase sempre no mesmo time. Os 3 (três) muitos esforçados, aguerridos e persistentes. Mais tarde, já no Rio de Janeiro, Joa, Zito e Dão continuaram a saga de "peladeiros" no Aterro do Flamengo. Não por falta de empenho e luta, mas, provavelmente, pelas limitações técnicas, por muitas vezes eram derrotados. Em dias de sol chegavam em casa cobertos de barro. Em dias de chuva, cobertos de lama até a cabeça. Quando chegavam naquele estado deplorável, nossa mãe, já em tom de chacota sempre perguntava: E ai? Imundos desse jeito, pelo menos ganharam? No que o Joel prontamente respondia: Não mãe. Perdemos. Mas considero como se tivéssemos ganhado.

O Joel faltava muito no futebol porque preferia participar das reuniões estudantis, mas, sua passagem sempre foi marcante e deixou lembranças que se eternizaram entre os amigos do bairro da Glória, em d. Elza Joana, até seu falecimento, e permanece na memória de seus familiares.

Ele, o Joel, está eternizado na memória de sua família e na sua divulgação que iremos eternizar através das gerações.

Joel vive!

Joel Vasconcelos Santos em 1969.

Joel, João, José. Altair ao alto. 1958.

Joel e sua turma de futebol, em 1969. Ele é o terceiro da esquerda, junto ao goleiro. Aterro do Flamengo – Rio de Janeiro.

Certidão de óbito de Joel Vasconcelos Santos

Quando vejo uma Certidão de Óbito de um Desaparecido Político fico procurando a palavra perfeita para qualificar a violência do Estado que, conforme consta da "Causa Morte" do desaparecido político, Joel Vasconcelos Santos, na pessoa dos seus representantes cruéis, praticou a contusão do seu tórax e abdômen, fraturou suas costelas, rompeu seu pulmão esquerdo e fígado, enfim, provocou hemorragia interna a ponto de deixá-lo sem vida, e, até hoje, não entregou seus restos mortais aos familiares. É realmente difícil achar a palavra perfeita para quem, covardemente, tira a vida de um jovem que ainda não tinha CPF, mas já tinha consciência de que, com aquela ditadura não era possível ficar sem lutar e, assim como tantos outros, fez.

O que incomodou o "Estado Torturador" foi a simples oposição à política autoritária ditatorial que perdurou por 21 anos (1964 a 1985) e, ainda hoje, 34 anos após, esbarramos com um Governo apoiador daqueles que, por prazer, torturaram e mataram jovens que sonhavam com a "DEMOCRACIA". Realmente me falta a palavra perfeita!

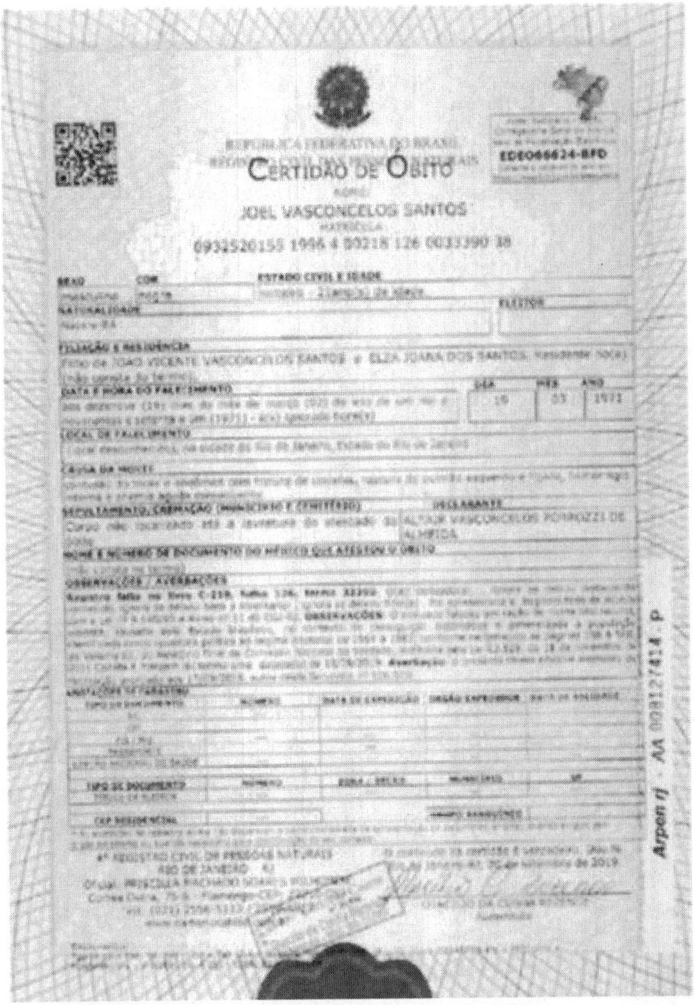

CERTIDÃO DE ÓBITO

JOEL VASCONCELOS SANTOS

O atestado explicita sua morte, mas Joel continua desaparecido.

Orlando da Silva Rosa
Bomfim Junior

O homem que amava seu próximo e os passarinhos: Orlando da Silva Rosa Bomfim Júnior

Beatriz Bomfim[1]

Era um dia como outro qualquer. Estava no trabalho e recebi telefonema anônimo. Mais tarde fui saber que era Giocondo Dias, seu grande amigo do PCB. Disse: "vá à ABI e consiga um advogado para o seu pai". Era preciso dizer mais alguma coisa? Mais tarde o Dias me chamou à sua casa e, chorando, disse que papai havia lhe salvado a vida, porque era o único que sabia onde ele morava. Não o denunciou, não o entregou nem sob tortura.

De lá para cá já se passaram 44 anos. De buscas, de choro, de tristeza, mas, sobretudo, de orgulho por sermos filhos de um homem como ele. Que se sentia feliz com as coisas mais simples da vida– o canto dos pássaros, a conversa com os amigos, o aperitivo antes do almoço, o aconchego da família. Antes da palavra desapego surgir, ele já era completamente desapegado das coisas materiais.

Antes dos anos 1960, acho que em 1958, mudou de Belo Horizonte para o Rio. Precisavam dele para dirigir os jornais do Partido. A família toda sofreu com a decisão. Os

1 Filha de Orlando Bomfim.

que estudavam ficaram na casa dos tios até terminarem o ano escolar. Mas ganhamos mais autonomia e liberdade. Não éramos muito queridos pela TFM (Tradicional Família Mineira). Era amor ou ódio pelo comunista de carteirinha!

Sua despedida de Belo Horizonte durou três dias. Os amigos que vieram de longe dormiram lá na casa simples do Prado, principalmente os de Conselheiro Lafaiete que o tinham como advogado. Assaram cabrito, foi uma farra. Deixamos para trás os passeios no Parque Municipal, os dias deliciosos no Horto Florestal, a interrupção pela polícia dos piqueniques, na Pampulha ou na Lagoa Santa, para arrecadar dinheiro para o partido, os passarinhos, parte grande da família e muitos, muitos amigos. Mas foi necessário.

Nossas memórias, minhas e dos meus irmãos Regina (a mais velha que já fez a sua passagem), Orlando, Sérgio (também nos deixou), Roberto e Olga (menos, por ser a caçula) são mais de BH. No Santo Antônio, onde tivemos uma casa linda, íamos e vínhamos na rua Carangola para despistar os policiais que sempre o estavam procurando. Éramos pequenos, mas o jogo do esconde-esconde era permanente e espontâneo. Em uma época mais difícil, ele ficou dentro de casa (era grande) e o chamávamos por tio. A polícia estava na entrada esperando ele voltar para ser preso. Recebemos passes para sair de casa e ir à escola. Tempos sombrios.

Com ele aprendi a gostar de Yma Sumac, ópera, filmes de Charles Chaplin, Shakespeare, Noel Rosa, Dorival Caymmi, pescarias em Muriqui e caranguejos cozidos no fogão de tijolos, cervejinha, tantas outras coisas. Ah, até em luta do Eder Jofre me levou, fora os filmes do cine Paissandu.

Sim, a política estava sempre permeando nossas vidas. Orlando Bomfim escolheu lutar contra as desigualdades sociais, pela justiça e pelos direitos humanos. Foi coerente toda a sua vida. Novo, ainda, deixou um escritório de advocacia importante e o cargo de redator chefe do Estado de Minas, para ser advogado para quem não podia pagar. E dirigir os jornais do Partido. Na última carta para sua mãe, Maria Gasparini Bomfim, já previa os dias difíceis que enfrentaria – seu sequestro em 8 de outubro de 1975 e sua morte por tortura. Seus restos mortais nunca foram entregues à família. É um dos muitos desaparecidos políticos. Mas vou parar por aqui. Meus irmãos e eu tivemos poucos encontros quando ele estava na clandestinidade – 11 longos anos. Ele sempre dizia que ia a Vitória ver a mãe, mas ninguém acreditava. Depois do seu desaparecimento, sua irmã mais velha, tia Mariazinha, enviou as cartas que minha avó recebia dele. E era tudo verdade. Ele foi lá vê-la. Abaixo, alguns trechos das cartas:

"Quando nos encontrarmos – e espero que não demore muito-, quero encontrá-la muito bem de saúde para conversarmos e passearmos muito. Estou com tanta saudade como a que eu tinha no tempo de colégio. A senhora se lembra? Quando chegavam as férias e eu voltava para Santa Teresa, sentia as maiores alegrias do mundo."

"A data hoje é muito importante. Oitenta anos! Por isso, vou abandonar a minha máquina de datilografia e escrever à mão. Será, como dizem os advogados, uma carta do próprio punho...

É claro que, pela minha vontade, estaria aí, ao lado da senhora. Festejando, com o resto da turma, a data querida. Mas a vida, nos dias que passam, está muito complicada, difícil e dura. Há quase uma proibição de as pessoas serem felizes. Sinto muito não poder vê-la pessoalmente, abraçá-la e beijá-la muito. Mas não estou lamentando. Escolhi, conscientemente, um caminho que considero certo. Escolhi sabendo das penosas consequências que iria enfrentar. Não me arrependo. Ao contrário, sinto quando sofro essas consequências como hoje, que não posso estar ao lado da senhora, a convicção inabalável de que estou no caminho certo. "Porque, afinal de contas, a minha luta é, essencialmente, para que, no futuro, todas as pessoas possam ser felizes."

Foi a última carta. Era o mês de março e, em outubro, foi preso. Já previa o que vinha, inúmeros companheiros já eram desaparecidos políticos. Ficou seu exemplo, sua simplicidade, seu amor não apenas pela família, mas por todos! Que falta sentimos dele!

Figura 1: Bomfim na Rússia. Figura 2: Beatriz e o pai.

Bomfim e a mulher, Synésia, com os pais. Maria e Orlando – Parque Municipal – Belo Horizonte.

Orlando da Silva Rosa Bomfim Junior, presente!

Mônica Bomfim[2]

A minha luta é, essencialmente, para que, no futuro, todas as pessoas possam ser felizes.

Orlando Bomfim.

Santa Teresa, Espírito Santo.

Tinha 60 anos quando foi sequestrado, morto, e teve seus restos mortais desaparecidos pelas forças que serviram a ditadura civil-militar no país.

Eu ouvi muitas histórias sobre ele e sobre a família na minha infância. Elas animavam os nossos encontros. Havia uma certa magia que celebrava a sua vida. E todos nós revivíamos aquele tempo em que ele esteve presente.

2 Mônica Bonfim, neta de Orlando Bomfim.

Na nossa breve república, num hiato dessa história, o Partidão concorreu às eleições de 1945, e, nessa constituinte, ele foi eleito vereador de Belo Horizonte.

Em março de 1964, última edição do jornal *Novos Rumos*, 1959-1964. Nova clandestinidade.

Eu nunca encontrei com ele. Era muito complexo. Na primeira vez que ele iria se encontrar como os filhos, eu fui, mas fomos avisados que ele não poderia permanecer lá. O encontro não aconteceu. Na outra vez, não deu tempo de me buscarem. Mesmo assim, na sua ausência e na sua busca, ele sempre está presente.

"Estou é ansioso pelo próximo mês de janeiro. Já pensou, eu avô! E a senhora hein, que vai ser bisavó? A minha alegria é por isso dupla: além de ficar avó, vai ser um filho meu, tudo indica (e estou torcendo mais do que jogador de futebol), que dará à Senhora o primeiro bisneto!"

Mas foi bisneta, Eu!

Escreveu em carta para sua mãe,Maria, a nona, ainda em clandestinidade no ano de 65.

Bomfim e os irmãos em Vitória: Mariazinha,Orlando, Celso, Orny e Silvia.

Um raro momento em família, durante a clandestinidade.

Na clandestinidade, com filhos, genros, noras e netos.

José Padilha Aquila

PAI

Vilma Padilha[1]

A vida me fez provar que todo amor vivido nos faz buscar o improvável. Hoje te encontro graças ao grande amor que sinto por você, venho desde os meus doze anos te procurando sem muitas informações, praticamente só com minhas lembranças dos tempos difíceis e com a intuição dos acontecimentos. E hoje com cinquenta e nove anos tive a resposta, com um sentimento de tristeza e felicidade, uma mistura estranha, mas compreensível. A tristeza de ter sabido que realmente tu morreste e de uma forma muito violenta, e feliz por te encontrar e ter as respostas das dúvidas deixadas, assim devolver a sua identidade.

Pai absoluto
Grandioso pelos feitos
Ensinamentos nunca esquecidos
Por um breve momento vivido
Herói? Sim, o meu herói!
Na lembrança de uma criança.

1 Filha de José Padilha Aguilar.

José Padilha e Francisco Padilha (filho) – Curitiba.

Agradecimentos

Ao grupo do CICV (Comitê Internacional da Cruz Vermelha), à Luiza Erundina de Souza, à Eugenia Augusta Gonzaga, ao grupo do CAAF (Centro de Antropologia e Arqueologia Forense) da Unifesp e a todos e todas que, de alguma forma, foram parte desta produção.

Em atividades no CICV (Comitê Internacional da Cruz Vermelha).

Familiares de desaparecidos políticos e membros do CICV.

COM AFETO, BUSCA-SE A VERDADE SOBRE OS DESAPARECIDOS POLÍTICOS!